AF314680

NATIONALISME

RABINDRANATH TAGORE

NATIONALISME

(Traduction de CECIL GEORGES-BAZILE)

PARIS

ANDRÉ DELPEUCH, ÉDITEUR

51, RUE DE BABYLONE, 51

1924

IL A ÉTÉ TIRÉ A PART

10 EXEMPLAIRES SUR VERGÉ D'ARCHES

NUMÉROTÉS A LA PRESSE DE 1 A 10

EN GUISE DE PRÉFACE
ET DE DÉDICACE

*Les trois Essais du grand philosophe —
dirais-je : du grand Sage ? — qu'est Rabindranath Tagore, avant de paraître en librairie
furent le thème de conférences que leur auteur
fit en Amérique et au Japon.*

*Pour les besoins de la publication, nous nous
sommes permis de faire du texte parlé un texte
écrit, rendant ainsi la lecture plus facile au public
immense auquel s'adressent ces pages.*

*Présenter Rabindranath Tagore me semble
inutile et vain. Il est trop universellement connu.
Je citerai seulement ces lignes de Pierre Hamp,
qui rappellent la visite de Rabindranath Tagore
à Paris, en 1921 :*

*« Le grand poète Hindou, un des premiers
hommes du monde en notre temps, fut reçu sans
éclat par le Gouvernement français soucieux de
ne pas déplaire à l'Empire Britannique. Quelques*

esprits indépendants, comme il s'en trouve toujours dans ces bagarres, firent de leur mieux pour persuader Tagore que les Français l'estimaient beaucoup plus que leurs ministres ne le donnaient à croire. Un jour pour l'amener à une réunion de ses admirateurs, on le plaça dans une voiture automobile. Un Hindou de sa suite dut se mettre sur le siège. Le chauffeur allongeant le pouce par-dessus son épaule pour désigner à ce jeune homme le vieillard hiératique en longue robe gris perle demanda :

« — Qu'est-ce que c'est que ce type-là ?

« Le jeune Hindou savait assez de français pour réussir à faire entendre en dix minutes, temps du trajet, que c'était Rabindranath Tagore, poète de l'autre bout du monde, mais compatriote de tous les hommes de cœur.

« Le voiturier tira de sa poche le journal l'Humanité qui avait le matin publié un poème de Tagore et sa photographie :

« — C'est celui-là ? Alors je fais la course pour rien.

« L'âme de la France était sauvée devant Rabindranath Tagore.

« Une aventure toute différente fut celle de cet

attaché de cabinet du temps où le poète Hindou obtint le Prix Nobel. Ayant mal entendu la première dépêche, il alla voir au Collège de France un célèbre hébraïsant juif qui devait connaître tous les rabbins du monde. Le professeur l'écouta et réfléchit longtemps, car son esprit sérieux ne se décidait pas vite à admettre tant d'absurdité. Enfin il demanda :

« — Ne serait-ce pas Rabindranath Tagore ?

« — C'est cela même, dit l'attaché. Le nom exact nous manquait. Le rabbin Dranate. Qu'est-ce que c'est que ce type-là ?

« Il faut quelques attachés de cabinet. Tout le monde ne peut pas être chauffeur. »

Ce n'est donc point aux attachés de cabinet, ni à leurs maîtres que j'offrirai ces pages, à la traduction desquelles j'ai apporté un soin pieux et dévoué, conscient de l'importance universelle de cette grande Parole d'un Sage, Parole d'Accusation et d'Avertissement, — mais aux Autres, à la foule des Autres, aux petits, aux modestes, aux hommes de bonne volonté qui sont les Peuples et que grugea impitoyablement la machine anthropophagique, goule effroyable et inconsciente du Nationalisme.

A LA MÉMOIRE AIMÉE DE MON FRÈRE,

VICTIME DE LA MACHINE,

A MON PÈRE

A TOUS LES HOMMES DE CŒUR,

Je dédie cette traduction.

CÉCIL GEORGES-BAZILE.

Ladis, printemps 1924.

NATIONALISME

I

LE NATIONALISME EN OCCIDENT

L'histoire de l'homme se modifie selon les difficultés qu'elle rencontre. Ces difficultés nous ont posé des problèmes que nous devons résoudre sous peine de mort ou de dégradation.

Elles ont été différentes chez les différents peuples de la terre et c'est dans la façon dont nous les avons surmontées que se trouve notre distinction.

Les Scythes de la période primitive de l'histoire asiatique eurent à lutter contre le manque de ressources naturelles. La solution la plus facile qu'ils imaginèrent fut d'organiser toute leur population : hommes, femmes et enfants, en des bandes de voleurs. Et ceux qui étaient principalement engagés dans l'œuvre constructive de la coopération sociale ne leur purent résister.

Mais heureusement pour l'homme la voie la

plus facile n'est pas sa voie la plus droite. Si sa nature n'était pas aussi complexe, si elle était aussi simple que celle d'une bande de loups affamés, il est évident qu'aujourd'hui ces hordes de maraudeurs auraient subjugué le monde entier. Mais l'homme, lorsqu'il se trouve confronté avec les difficultés, doit reconnaître qu'il est un homme, qu'il a ses responsabilités envers les facultés supérieures de sa nature, dont l'ignorance peut lui accorder un succès immédiat, mais qui se changera ultérieurement en un piège mortel. Car ce qui pour les créatures inférieures est un obstacle, est une opportunité pour la vie supérieure de l'homme.

Le problème de l'Inde s'est posé dès le commencement de l'histoire, c'est le problème social. Des races ethnologiquement différentes sont entrées en contact intime dans ce pays. Ce fait a été et continue d'être le plus important de notre histoire. C'est notre mission d'y faire face et de prouver notre humanité en le traitant avec la plus grande loyauté. Tant que nous n'aurons pas rempli notre mission, tout autre bénéfice nous sera refusé.

Il y a d'autres peuples au monde qui ont eu

à surmonter des obstacles dans leur environnement physique, ou la menace de leurs puissants voisins. Ils ont organisé leur puissance au point d'être non seulement raisonnablement affranchis de la tyrannie de la Nature et des voisins humains, mais encore d'avoir entre les mains un surplus à employer contre les autres. Dans l'Inde nos difficultés étant intérieures, notre histoire a été l'histoire de l'ajustement social continuel et non celle de la puissance organisée pour la défense et l'agression.

Ni l'incolore ruguesse du cosmopolitanisme, ni l'orgueilleuse idolâtrie de soi du culte national ne sont le but de l'histoire humaine. Et l'Inde a essayé d'accomplir sa tâche par une réglementation sociale des différences, d'un côté, et la reconnaissance spirituelle, de l'autre. Elle a fait de graves erreurs en élevant trop rigidement les murs frontières entre les races, en perpétuant dans ses classifications les résultats de l'infériorité ; souvent elle a paralysé l'esprit de ses enfants et limité leur vie afin de les adapter à ses formes sociales ; mais durant des siècle de nouvelles expériences ont été faites et des torts redressés.

Sa mission a été celle d'une hôtesse qui doit

veiller au confort de ses nombreux hôtes, dont les habitudes et les besoins sont différents les uns des autres. Ceci donne naissance à des complexités infinies dont la solution dépend non seulement du tact mais de la sympathie et de la vraie réalisation de l'unité de l'homme. C'est vers cette réalisation qu'ont œuvré, depuis les temps primitifs des Upanishads jusqu'à nos jours, une série de grands maîtres spirituels, dont le seul objet fut de réduire à néant toutes les différences de l'homme par le débordement de notre conscience de Dieu. En réalité, notre histoire n'est pas dans la grandeur et la décadence des royaumes, dans les luttes pour la suprématie politique. Les annales de ces jours ont été méprisées et oubliées en notre pays, car elles ne représentent pas la vraie histoire de notre peuple. Notre histoire est celle de notre vie sociale et de notre connaissance des idéaux spirituels.

Mais nous sentons que notre tâche n'est pas encore accomplie. Le déluge mondial a gagné notre pays, de nouveaux éléments ont été introduits et de plus grands ajustements qui sont à faire attendent.

Nous sentons cela d'autant plus que l'enseignement et l'exemple de l'Ouest se sont trouvé en contradiction entière de ce que nous pensions être la mission de l'Inde.

En Occident, la machinerie nationale du commerce et de la politique produit des balles proprement comprimées d'humanité qui ont leur utilité et une grande valeur marchande ; mais elles sont serrées en des cercles de fer, étiquetées et séparées avec un soin et une précision scientifique. De toute évidence Dieu fit l'homme pour être humain ; mais ce produit moderne a un fini si merveilleusement cubique, sentant tellement la manufacture gigantesque, que le créateur aura de la peine à le reconnaître comme une chose de l'esprit et une créature faite à sa propre image divine.

Mais j'anticipe. Ce que je voulais dire, est ceci. De quelque esprit que vous l'acceptiez, l'Inde est là, vieille de plus de cinquante siècles qui essaie de vivre pacifiquement et de penser profondément, l'Inde ignorante de toute politique, l'Inde qui n'est d'aucune nation, dont la seule ambition a été de connaître ce monde comme le monde de l'âme, de vivre ici tous les moments de la vie dans un humble esprit d'adoration, dans une conscience joyeuse d'une relation éternelle et personnelle avec lui. Ce fut sur cette portion retirée de l'humanité, enfantine dans ses manières, possédant la sagesse du passé, que le nationalisme de l'Occident s'est déversé.

Même au milieu des combats, des intrigues et des déceptions de son histoire primitive, l'Inde était restée distante. Parce que ses foyers, ses champs, ses temples d'adoration, ses écoles où ses maîtres et ses étudiants vivaient ensemble dans l'atmosphère de la simplicité, de la dévotion et du savoir, son village qui se gouvernait soi-même avec ses lois simples et son administration pacifique, toutes ces choses lui appartenaient vraiment. Mais ses trônes ne la regardaient point. Ils passaient au-dessus de sa tête comme des nuages, parfois teintés d'une écarlate somptuosité, parfois noirs de la menace du tonnerre. Souvent ils amenèrent des dévastations à leur suite, mais c'était comme des catastrophes de la nature dont les traces sont si vite oubliées.

Mais cette fois ce fut différent. Ce ne fut pas

seulement un simple passage à la surface de sa vie — passage de cavalerie et d'infanterie, d'éléphants richement caparaçonnés de tentes et de dais blancs, de files de chameaux patients portant les charges de la royauté, de joueurs de timbale et de flûte, de dômes en marbre, de mosquées, de palais et de tombes, tout cela qui n'était que bulles de vin mousseux de l'extravagance ; histoires de trahisons et de loyauté, de changements de fortune, de dramatiques surprises du destin. Cette fois ce fut la Nation de l'Ouest qui enfonçait profondément les tentacules de sa machinerie dans notre sol.

C'est pourquoi je vous dis que c'est nous qui sommes appelés à témoigner de ce que fut notre Nation envers l'Humanité. Nous avions connu les hordes des Moghals et des Pathans qui envahirent l'Inde, mais nous les avions connues comme des races humaines, avec leurs religions et leurs coutumes, leurs goûts et leurs dégoûts — nous ne les avions jamais connues comme nation. Nous les aimions et les haïssions, selon l'occasion ; nous combattîmes pour elles, nous leur parlâmes dans une langue qui était la leur aussi bien que la nôtre, et nous participâmes aux destinées de l'Empire dans lequel nous avions une part active. Mais cette fois, nous eûmes à compter non avec des races, mais avec une nation — nous qui, nous-mêmes, ne sommes aucune nation.

Or, selon notre propre expérience, répondons à la question : Qu'est cette nation ?

Une nation, dans le sens de l'union économique et politique d'un peuple, est cet aspect que toute une population revêt lorsqu'elle est organisée pour un but mécanique. La société comme telle n'a pas de but ultérieur. Elle est une fin en elle-même. Elle est une expression de soi spontanée de l'homme comme être social. Elle est une réglementation naturelle des relations humaines, de sorte que les hommes puissent développer un idéal de vie en coopération les uns avec les autres. Elle a aussi un côté politique, mais c'est seulement dans un but spécial. C'est pour se préserver. C'est simplement le côté de la force, non de l'idéal humain. Dans les premiers jours sa place fut séparée dans la société, limitée aux professionnels. Mais lorsque avec l'aide de la science et le perfectionnement de l'organisation cette force commença à se développer et à amener sa moisson de prospérité, elle sortit bientôt de ses limites avec une surprenante rapidité. Les sociétés environnantes furent prises du même besoin cupide de prospérité matérielle, une jalousie mutuelle s'ensuivit et la crainte des unes et des autres se manifeste aujourd'hui dans le déploiement des forces. Le temps approche où l'on ne pourra plus s'arrêter ; la concurrence devient plus âpre, l'organisation devient plus vaste et l'égoïsme atteint la suprématie. L'industrie qui vit de la cupidité et de la crainte de l'homme occupe de plus en plus de place dans la société dont elle est devenue finalement sa force gouvernante.

Il est possible que par habitude, vous ne vous aperceviez plus que les liens vivants de la société se brisent et cèdent la place à une simple organisation mécanique. C'est à cause de cela qué la guerre a été déclarée entre l'homme et la femme. Le fil naturel qui les tient en harmonie est rompu. L'homme est mené au professionnalisme, à produire de la richesse pour lui et les autres, tournant continuellement la roue du pouvoir soit pour lui, soit pour le fonctionna-

risme universel, laissant la femme se flétrir,
mourir ou livrer sa propre bataille sans secours.
Et c'est ainsi que là où la coopération est naturelle la concurrence s'est immiscée.

La psychologie même des hommes et des
femmes dans leurs rapports mutuels change
et devient la psychologie des éléments primitifs,
batailleurs, plutôt que celle de l'humanité
cherchant à se compléter dans l'union basée
sur un abandon naturel, car les éléments qui
ont perdu leur lien vivant de réalité ont perdu
la signification de leur existence. Comme des
particules gazeuses enfermées dans un espace
trop étroit, ils entrent en conflit continuel entre
eux jusqu'à ce qu'ils fassent éclater l'arrange-
ment même qui les tient en captivité.

Regardez les gens qui s'appellent anarchistes,
qui se révoltent contre l'imposition du pouvoir,
sous quelque forme que ce soit, à l'individu.
Leur seule raison, c'est que le pouvoir est
devenu trop abstrait — qu'il est un produit
scientifique, préparé dans le laboratoire de la
Nation, par la dissolution de l'humanité personnelle.

Et quelle est la signification de ces grèves

dans le monde économique, qui comme les épines sur un sol en friche repoussent avec une vigueur renouvelée chaque fois qu'on les coupe ? Quoi, sinon que le mécanisme producteur de prospérité se développe sans cesse hors de proportion avec tous les autres besoins de la société et que l'homme se trouve de plus en plus écrasé sous son poids. Cet état de chose inévitable donne naissance à des querelles éternelles entre les éléments affranchis de l'intégrité et de la moralité des idéaux humains, et une guerre interminable est déclarée entre le capital et le travail. La soif de l'or et du pouvoir ne peut avoir de limite et la compression de l'intérêt personnel ne peut jamais atteindre à l'esprit final de la réconciliation. La jalousie et la suspicion continueront d'être entretenues jusqu'à la fin — la fin qui ne viendra que dans quelque catastrophe soudaine ou une renaissance spirituelle.

Quand cette organisation de politique et de commerce, dont l'autre nom est Nation, sera devenue toute puissante aux dépens de l'harmonie de la vie sociale supérieure, ce sera un mauvais jour pour l'humanité. Quand un père se met à jouer et que ses obligations envers sa famille prennent une place secondaire dans son esprit, ce n'est plus un homme, mais un automate que mène le pouvoir de la cupidité. Il peut alors faire des choses dont en son état d'esprit normal, il aurait honte. C'est la même chose avec la société. Lorsqu'elle se laisse changer en une parfaite organisation du pouvoir, il y a peu de crimes qu'elle ne puisse perpétrer. Le succès est l'objet et la justification d'une machine, alors que la beauté seule est le but et l'intention de l'homme. Quand cette machine d'organisation commence à atteindre de vastes proportions, englobant dans ses parties quiconque est mécanicien, l'homme personnel sera éliminé au point de n'être plus qu'un fantôme, il n'y aura qu'une révolution de politique que feront les parties humaines de la machine, sans la moindre pitié ou responsabilité morale. Il pourra arriver que, même au travers de cet appareil, la nature morale de l'homme essaie de s'affirmer, mais toutes les courroies et les poulies grinceront et crieront, les forces du cœur humain se trouveront empêtrées dans les forces de l'automate humain et ce ne sera qu'avec

difficulté que l'intention morale pourra se transmettre en une forme de résultat quelconque et
torturée.

Cet être abstrait, la Nation, gouverne les
Indes. Nous avons vu dans notre pays, une
marque de viande en conserve annoncée comme
entièrement préparée et empaquetée « sans
avoir été touchée par les mains ». Cette descrip-
tion s'applique au gouvernement des Indes,
qui sont aussi peu touchées par la main humaine
que possible. Les gouverneurs n'ont pas besoin
de connaître notre langue, ils n'ont pas besoin
d'entrer en contact avec nous, si ce n'est comme
fonctionnaires ; ils peuvent aider ou contrarier
nos aspirations d'une dédaigneuse distance, ils
peuvent nous conduire dans une certaine voie
politique puis nous faire reculer par là simple
manipulation de la bureaucratie ; les journaux
d'Angleterre, dont les colonnes sont emplies, avec
une pathétique décence, des moindres incidents
de la rue arrivés à Londres, ne portent pas la
plus petite attention aux calamités qui arrivent
dans les Indes sur des étendues de territoire
parfois plus grandes que les Iles britanniques.

Mais nous, qui sommes gouvernés, nous ne

sommes pas une simple abstraction. Nous, de notre côté, nous sommes des individus avec une sensibilité vivante. Ce qui nous parvient sous la forme d'une simple politique exsangue peut percer jusqu'au cœur de notre vie, peut menacer tout le futur de notre peuple d'une perpétuelle impuissance et d'émasculation et cependant ne jamais toucher à la corde de l'humanité de l'autre côté, ou n'y toucher que de la façon la plus insuffisamment faible. De tels actes généraux et universels de responsabilité craintive, l'homme ne peut jamais les accomplir, à ce point d'inadvertance systématique, tant qu'il reste un être humain individuel. Ils ne deviennent possibles que si l'homme est représenté par un octopus d'abstractions, allongeant et tortillant ses bras dans toutes les directions de l'espace, puis fixant ses innombrables surgeons jusque dans l'avenir le plus lointain. Sous ce règne de la nation, les gouvernés sont poursuivis par la suspicion, et cette suspicion est celle d'une masse formidable de cerveau et de muscles organisés. Les punitions sont mesurées et laissent une traînée de misère sur la large voie saignante du cœur humain ; mais ces punitions sont dispensées par une simple force abstraite, dans laquelle tout un peuple d'un pays lointain a perdu sa personnalité humaine.

Je n'ai pas l'intention, cependant, de discuter la question telle qu'elle affecte mon pays, mais bien telle qu'elle affecte l'avenir de l'humanité. Ce n'est pas une question du Gouvernement Britannique plus que d'un autre, mais d'un gouvernement par la Nation — la Nation qui est l'intérêt égoïste organisé de tout un peuple, en ce qu'il a de moins humain et de moins spirituel. Notre seule expérience intime de la Nation est avec la Nation Britannique et en tant que gouvernement par la Nation, il y a des raisons de croire que c'est un des meilleurs. Là encore nous devons considérer que l'Occident est nécessaire à l'Orient.

Nous sommes complémentaires l'un de l'autre par nos différents aspects de vérité. C'est pourquoi s'il est vrai que l'esprit de l'Occident s'est abattu sur nos champs comme un orage, il sème néanmoins çà et là des graines vivantes qui sont immortelles. Et quand dans l'Inde nous deviendrons capables d'assimiler dans notre vie ce qui est permanent dans la civilisation occidentale, nous serons en position pour amener une réconciliation de ces deux grands mondes. Et ce sera alors la fin d'une domination qui est blessante. En outre, nous devons reconnaître que l'histoire de l'Inde n'appartient pas à une race particulière mais à un processus de création auquel contribuèrent les diverses races du monde — les Dravidiens et les Aryens, les anciens Grecs et les Perses, les Mahométans de l'Occident et ceux de l'Asie centrale. Finalement est venu le tour des Anglais de se conformer à cette histoire en lui apportant le tribut de leur vie, et nous n'avons ni le droit, ni le pouvoir d'exclure ce peuple de la formation de la destinée de l'Inde.

C'est pourquoi ce que je dis de la Nation s'applique davantage à l'histoire de l'Homme que spécialement à celle de l'Inde.

Cette histoire est arrivée à un point où l'homme moral, l'homme complet, cède de plus en plus la place, presque sans le savoir, à l'homme politique et commercial, l'homme aux intentions limitées. Ce processus, aidé par les merveilleux progrès de la science, prend des proportions et un pouvoir gigantesques, causant le renversement de l'équilibre moral de l'homme, obscurcissant son côté humain sous l'ombre de l'organisation sans âme. Nous avons senti sa poigne d'acier à la racine de notre vie, et, pour la cause de l'humanité, nous devons dire que ce nationalisme est une épidémie cruelle d'un mal qui se répand sur le monde humain du siècle actuel, rongeant sa vitalité morale.

J'ai un amour profond et un grand respect pour la race britannique en tant qu'êtres humains. Elle a produit des hommes de grand cœur, des penseurs de grandes pensées, des auteurs de grands actes. Elle a donné naissance à une grande littérature. Je sais que ces gens aiment la justice et la liberté et haïssent le mensonge. Ils sont propres d'esprit, francs de manières, loyaux dans leurs amitiés, dans leurs rapports ils sont honnêtes et sûrs. L'expérience personnelle que j'ai eu de leurs hommes de lettres a excité mon admiration non seulement à cause de leur pouvoir de pensée ou d'expression, mais encore de leur humanité chevaleresque. Nous avons senti la grandeur de ce peuple comme nous sentons le soleil; mais en tant que Nation, c'est pour nous un épais brouillard d'un genre étouffant et qui recouvre le soleil lui-même.

Ce gouvernement par la Nation n'est ni Britannique, ni autre chose ; c'est une science appliquée et par conséquent plus ou moins semblable dans ses principes partout où elle est employée. C'est comme une presse hydraulique dont la pression est impersonnelle et, par cela même, sans défaillance. Le degré de sa force peut varier selon les différentes machines. Certaines peuvent même être conduites à la main, permettant ainsi une marge de relâchement confortable dans leur pression, mais en esprit et en méthode leurs différences sont petites. Notre gouvernement pourrait avoir été Hollandais, Français ou Portugais que ses caractéristiques essentielles seraient réstées les mêmes qu'elles sont aujourd'hui. Seulement, peut-être, dans certains cas, l'organisation aurait pu n'être pas si densément complète et quelques lambeaux d'humanité auraient pu s'accrocher à l'épave, nous permettant d'entendre quelque chose qui eût ressemblé aux palpitations de notre propre cœur.

Avant que la Nation vint pour nous gouverner, nous eûmes d'autres gouvernements qui étaient étrangers et, comme tous les gouvernements, avaient en eux quelques éléments de la machine. Mais la différence entre eux et le gouvernement par la Nation est comme la différence entre le métier à main et le métier à vapeur. Dans les tissages du métier à main la magie des doigts vivants de l'homme trouve son expression, et son bruit de bourdon s'harmonise avec la musique de la vie. Mais le métier à vapeur est inexorablement sans vie et sa production est correcte et monotone.

Nous devons admettre que durant le gouvernement des premiers jours il y eut des exemples de tyrannie, d'injustice et d'extorsion. Ils causèrent des souffrances et des troubles dont nous sommes heureux d'être délivrés. La protection de la loi n'est pas seulement un bienfait, mais c'est une leçon importante pour nous. Elle nous enseigne la discipline qui est nécessaire à la stabilité de la civilisation et à la continuation du progrès. Nous comprenons, par elle, qu'il y a un étalon universel de justice auquel tous les hommes, quelque soit leur couleur ou leur caste, ont un droit égal.

Ce règne de la loi dans le gouvernement actuel de l'Inde a établi l'ordre dans ce vaste pays habité par des peuples différents par leurs races et leurs coutumes. Il a permis à ces peuples d'entrer en un contact étroit les uns avec les autres et d'entretenir de communes aspirations.

Mais ce désir d'un bien commun de camaraderie entre les différentes races de l'Inde a été l'œuvre de l'esprit de l'Occident, non celui de la Nation Occidentale. Partout en Asie où le peuple a reçu la vraie leçon de l'Occident, ce fut malgré la Nation Occidentale. Ce n'est que parce que le Japon a pu résister à la domination de cette Nation Occidentale qu'il a pu acquérir les avantages de la civilisation occidentale dans leur pleine mesure. Quoique la Chine ait été empoisonnée à la source même de sa vie morale et physique par cette Nation, ses efforts pour recevoir les meilleures leçons de l'Occident peuvent encore réussir s'ils ne sont pas contrariés par la Nation. Ce ne fut que tout récemment que la Perse s'éveilla de son sommeil séculaire à l'appel de l'Occident pour être instantanément foulée aux pieds et réduite à l'immobilité.

par la Nation. Le même phénomène prévaut en notre pays aussi, où le peuple est hospitalier, mais où la Nation s'est montrée tout autre en faisant qu'un hôte oriental se sente devant un Occidental humilié d'appartenir à l'humanité de sa propre terre natale.

Dans l'Inde nous souffrons de ce conflit entre l'esprit de l'Occident et la Nation de l'Occident. Les avantages de la civilisation occidentale nous sont parcimonieusement mesurés par la Nation, qui essaie de régler le degré de nutrition aussi près que possible du point zéro de la vitalité. La portion d'éducation qui nous est allouée est si pitoyablement insuffisante qu'elle doit être un outrage au sentiment de décence d'une humanité occidentale. Nous avons vu dans les pays occidentaux comment le peuple est encouragé dans le sens de l'éducation, quelles facilités on lui donne pour se destiner aux grands mouvements du commerce et de l'industrie qui s'étendent sur le monde entier ; tandis que dans l'Inde la seule assistance que nous obtenions est si arriérée qu'elle est la risée de la Nation. Tout en nous privant de nos occasions d'apprendre et en réduisant notre éducation au minimum requis pour subir un gouvernement étranger, cette Nation a pacifié sa conscience en nous insultant, en donnant lâchement cours à cette idée d'un cynisme arrogant que l'Est est l'est et l'Ouest est l'ouest et que jamais ces deux peuples ne sauraient se rencontrer. Si nous devons croire le reproche de notre maître d'école, qu'après deux siècles de tutelle l'Inde non seulement reste incapable de se gouverner elle-même mais aussi de montrer de l'originalité dans ses œuvres intellectuelles, devons-nous l'attribuer à quelque chose de spécial dans la culture Occidentale et à notre inhérente incapacité pour la recevoir ou à la lésinerie judicieuse de la Nation qui s'est chargée de ce fardeau : la civilisation de l'Orient par l'homme blanc ? Que le peuple japonais ait des qualités qui nous font défaut, nous le pouvons reconnaître, mais que notre intelligence soit naturellement improductive comparée à la sienne; non, nous ne pouvons l'accepter même de ceux qu'il est dangereux pour nous de contredire.

La vérité c'est que l'esprit de conflit et de conquête est à l'origine et au centre du nationalisme occidental, sa base n'est pas la coopération sociale. Il a créé une organisation parfaite de puissance, mais non d'idéalisme spirituel. C'est comme les bandes de pillards qui veulent avoir leurs victimes. De tout son cœur il ne peut supporter la vue de ses terrains de chasse convertis en terres cultivées. En réalité, ces nations combattent entre elles pour l'augmentation de leurs victimes et de leurs forêts réservées. C'est pourquoi la Nation occidentale est la digue qui arrête le libre flot de la civilisation occidentale dans les pays qui ne sont pas des nations. Parce que cette civilisation est la civilisation de la puissance, elle fut exclusive et naturellement peu disposée à ouvrir ses sources de puissances à ceux qu'elle a choisi pour ses buts d'exploitation.

Mais la loi morale est la même loi pour toute l'humanité, et la civilisation exclusive qui tire sa prospérité de ceux-là mêmes auxquels elle refuse la participation à ses avantages porte sa propre sentence de mort dans ses limitations morales. L'esclavage auquel elle donne naissance inconsciemment dessèche son amour de la liberté. L'insouciance avec laquelle elle pèse sur son monde de victimes exerce sa force de gravitation à tout moment sur la puissance qu'elle crée. Et la plus grande partie du monde qui se trouve ainsi dépouillée par la Nation d'une vie qui savait se suffire à elle-même deviendra le plus terrible de tous ses fardeaux, prêt à la précipiter au fond de la destruction. Chaque fois que la Force retire tous les obstacles qui encombrent sa route, sa chevauchée triomphante s'achève dans le fracas ultime de la mort. Son frein moral se relâche de jour en jour sans qu'elle le sache et son chemin glissant du triomphe devient le chemin de la ruine.

De toutes les choses de la civilisation occidentale, celles que cette Nation Occidentale nous a données le plus libéralement, c'est la loi et l'ordre. Alors que les petits biberons de notre éducation sont presque à sec et que l'hygiène suce son pouce de désespoir, l'organisation militaire, les cabinets des magistrats, le Bureau des Enquêtes judiciaires, la police, le système secret d'espionnage atteignent des proportions anormales et occupent le moindre centimètre de notre pays. C'est pour maintenir l'Ordre. Mais cet ordre n'est-il pas simplement un bien négatif?

Est-ce pour donner à la vie du peuple de plus grandes facilités pour se développer librement ? Sa perfection est la perfection d'une coquille d'œuf, dont la vraie valeur se trouve dans la sécurité qu'elle assure au poulet et à sa nourriture et non dans la commodité qu'elle peut offrir à la personne assise à table pour déjeûner. La simple administration est improductive, elle n'est pas créative, n'étant pas une chose vivante. C'est un rouleau compresseur, formidable de poids et de puissance, ayant son utilité, mais qui ne saurait aider le sol à devenir fertile. Lorsqu'après son énorme travail, elle vient nous faire ses offres de paix, nous ne pouvons que murmurer en nous-même que « la paix est bonne, mais pas plus que la vie, qui est le grand don de Dieu ».

D'un autre côté, nos précédents gouvernements manquaient déplorablement d'un grand nombre d'avantages du gouvernement moderne. Mais parce que ces gouvernements n'étaient pas des gouvernements par la Nation, leur texture était mollement tissée, laissant de grands trous au travers desquels notre vie pouvait lancer ses navettes et imposer ses dessins. Je suis très sûr qu'en ces jours nous connûmes des choses qui nous furent extrêmement désagréables. Mais nous savons que quand nous marchons pieds nus sur un sol de gravier, nos pieds viennent graduellement à s'adapter aux caprices d'une terre sans charité ; alors que si le plus petit morceau de gravier trouvait à se loger dans nos chaussures nous ne pourrions jamais oublier ni pardonner son intrusion. Et ces souliers sont le gouvernement par la Nation — il est étroit, il règle nos pas, par un système fermé, dans lequel nos pieds n'ont que la plus petite liberté de s'adapter selon leurs besoins. C'est pourquoi lorsque vous produisez vos statistiques pour comparer le nombre de graviers que vos pieds rencontraient jadis avec le peu qu'ils rencontrent sous le présent régime, elles ne touchent en aucune façon aux points réels. Ce n'est pas une question du nombre des obstacles extérieurs, mais de la relative impuissance de l'individu à les surmonter. Cette étroitesse de liberté est un mal qui est plus radical, non par sa quantité mais par sa nature. Et nous ne pouvons que reconnaître ce paradoxe : alors que l'esprit de l'Occident marche sous la bannière de la liberté, la Nation de l'Occident forge ses chaînes de fer de l'organisation qui sont les plus barbares et les plus résistantes qui aient jamais été fabriquées dans toute l'histoire de l'homme.

Quand l'humanité de l'Inde n'était pas sous le gouvernement de l'Organisation, l'élasticité du changement était assez grande pour encourager les hommes de pouvoir et d'esprit à sentir qu'ils tenaient leurs destinées dans leurs propres mains. L'espoir de l'inattendu n'était jamais absent, et un jeu plus libre de l'imagination, de la part à la fois du gouvernement et du gouverné, avait son effet sur le cours de l'histoire. Nous n'étions pas confrontés par un avenir, qui est un insensible mur blanc de blocs de granit limitant éternellement l'expression et l'extension de nos propres pouvoirs, dont le caractère désespéré réside dans la raison que ces pouvoirs s'atrophient à leurs racines mêmes par le procédé scientifique de la paralysie. Tout individu dans ce pays, qui n'est pas une Nation est complètement entre les griffes d'une nation tout entière, — dont la vigilance inlassable, la vigilance d'une machine, n'a pas le pouvoir humain de voir et de discerner. A la moindre pression de son bouton d'appel, la monstrueuse organisation devient tout yeux, dont le laid regard d'inquisition ne peut être évité par une seule personne dans l'immense multitude des gouvernés. Au moindre tour de sa vis, quelques millimètres, l'étreinte se resserre jusqu'au point de suffoquer tous les hommes, les femmes et les enfants d'un vaste peuple et pour lesquels aucune évasion n'est possible dans leur propre pays ou même dans tout autre pays.

C'est la pression insensible continuelle et formidable de cet inhumain sur l'humain vivant sous laquelle gémit le monde entier. Non seulement les races assujetties, mais vous qui vivez sous l'impression que vous êtes libres, sacrifiez tous les jours votre liberté et votre humanité à ce fétiche du nationalisme, vivant dans l'atmosphère dense et empoisonnée de la suspicion mondiale, de la cupidité et de la panique.

J'ai vu au Japon la soumission volontaire de tout le peuple à l'ajustement de son cerveau et à la diminution de sa liberté par son gouvernement, lequel, au moyen de diverses agences éducationnelles, réglemente les pensées de ce peuple, lui fabrique ses sentiments et tombe suspicieusement en éveil lorsqu'il a tendance à incliner vers le spirituel, s'employant soigneusement à le diriger par un chemin étroit non vers ce qui est vrai, mais ce qui est nécessaire à un amalgame complet en une masse uniforme selon sa propre conception. Le peuple accepte cet esclavage mental qui pénètre tout avec joie et orgueil par suite de son désir nerveux à se changer en une machine de force, appelée la Nation, et à ressembler aux autres machines dans leur matérialisme collectif.

Lorsqu'on le questionne sur la sagesse de son abdication le nouveau converti fanatique du nationalisme répond que tant que les nations seront rampantes en ce monde, nous n'aurons pas la libre faculté de développer notre humanité supérieure. Nous devons employer tous les moyens que nous possédons à résister au mal en nous en donnant l'apparence au plus haut degré. Car la seule paternité possible dans le monde moderne c'est la paternité du banditisme. La reconnaissance du lien fraternel d'affection entre le Japon et la Russie (1), qui fut célébrée

(1) Impérialiste, alors.

au milieu des plus grandes réjouissances dans tout le Japon, ne fut pas causée par quelque soudaine recrudescence de l'esprit du Christianisme ou du Bouddhisme, mais ce fut un lien établi selon la doctrine moderne afin de s'assurer contre la mutuelle menace de verser le sang. Oui, on ne peut que reconnaître que ces faits sont les faits du monde de la Nation ; et la seule morale à en tirer, c'est que tous les peuples de la terre doivent exercer leurs ressources morales, physiques et intellectuelles au plus haut point pour se vaincre l'un l'autre dans le match de la lutte pour le pouvoir. Dans les anciens jours Sparte accordait toute son attention à devenir puissante ; elle le devint en mutilant l'humanité, mais elle mourut de l'amputation.

Mais ce ne nous est pas une consolation de savoir que l'affaiblissement de l'humanité dont souffre l'âge présent n'est pas limité aux races assujetties, et que ses ravages sont même plus radicaux, parce qu'insidieux et volontaires, chez les peuples hypnotisés par la croyance qu'ils sont libres. Cet échange de vos plus hautes aspirations de la vie contre le profit et le pouvoir a été votre propre et libre choix et je vous laisse, au coût de la ruine de votre âme, contempler votre protubérante prospérité. Mais ne vous demandera-t-on jamais raison d'avoir organisé jusqu'à la perfection les instincts d'agrandissements de peuples entiers et d'avoir appelé cela : le bien ? Je vous le demande, quel désastre y a-t-il eu dans l'histoire de l'homme, à sa période la plus sombre, qui puisse se comparer avec ce terrible désastre de la Nation fixant ses crocs dans la chair nue du monde et prenant des précautions permanentes contre un relâchement naturel ?

Vous, les peuples d'Occident, qui avez fabriqué cette anormalité, pouvez-vous vous imaginer le désespoir désolant de ce monde hanté d'hommes qui souffrent sous le joug de cette horrible abstraction qu'est l'homme qui organise ? Pouvez-vous vous mettre dans la position des peuples dont la propre humanité semble avoir été destinée à une damnation éternelle et qui non seulement doivent souffrir de continuels empiétements sur leur virilité, mais encore élever leurs voix en hymnes de louanges pour la bénignité d'un appareil mécanique dans son interminable parodie de la Providence ?

N'avez-vous pas vu, depuis le début de l'existence de la Nation, que la frayeur qu'elle a inspirée a été une frayeur-fantôme devant laquelle tout le monde a tremblé ? Partout où il y a un coin sombre, il y a le soupçon de sa malveillance secrète, et les gens vivent en une perpétuelle méfiance de son dos où elle n'a pas d'yeux. Le moindre bruit, un pas, un mouvement à côté de soi, fait passer dans tout le corps un frisson de terreur. Et cette terreur est parente de tout ce qui est vil dans la nature de l'homme. Elle rend inhumain, presque ouvertement et sans honte. Les mensonges habiles deviennent matière à félicitations. Les promesses solennelles deviennent une farce, risibles précisément par leur solennité. La Nation, avec tout son attirail de puissance et de prospérité, ses hymnes pieuses, ses prières blasphématoires dans les églises et les foudres littéraires ridicules de ses patriotiques braillards, ne pourra cacher le fait que la Nation est le plus grand mal pour la Nation, que toutes ses précautions sont contre elle, et que toute nouvelle naissance d'une collègue dans le monde est toujours suivie dans son esprit de la crainte d'un nouveau péril. Son seul

désir est de trafiquer sur la faiblesse du reste
du monde, comme certains insectes qui sont nés
dans la chair paralysée de victimes auxquelles
on a laissé tout juste assez de vie pour être
mangeables et nutritives. Aussi est-elle prête
à envoyer son fluide empoisonné dans les parties vitales des autres peuples vivants qui,
n'étant pas des nations, sont inoffensifs.

C'est en Asie que la Nation a trouvé et trouve
encore son plus riche aliment. La Grande Chine,
riche de son ancienne sagesse et de son éthique
sociale, de sa discipline industrielle et de son
contrôle de soi, est comme une baleine éveillant
la passion du dépouillement dans le cœur de
la Nation. Elle porte déjà dans sa chair fris-
sonnante les harpons lancés d'une main sûre
par la Nation, créature de la science et de
l'égoïsme. Ses essais pitoyables à se débarrasser
de ses traditions d'humanité, de ses idéaux
sociaux, et à dépenser ses dernières ressources
épuisées à s'exercer au mouvement de la machinerie moderne, sont contrariés chaque fois par
la Nation. Celle-ci resserre ses cordes financières
autour de sa victime, s'efforçant de la traîner
jusqu'au rivage pour la couper en morceaux,

puis aller ensuite publiquement remercier Dieu d'avoir soutenu le mal existant et brisé la possibilité d'un mal nouveau. Et pour tout cela, la Nation prétend à la gratitude de l'histoire et à toute l'éternité pour son exploitation, ordonnant que la fanfare de ses louanges résonne d'un bout à l'autre du monde, se déclarant être le sel de la terre, la fleur de l'humanité, la bénédiction de Dieu jetée de toute Sa force sur les crânes nus des pays qui ne sont pas des Nations.

Je sais ce que sera votre conseil. Vous direz : formez-vous en une nation et résistez à cet empiétement de la Nation. Mais est-ce là le bon conseil ? un conseil d'homme à homme ? Pourquoi ceci serait-il une nécessité ? Je pourrais vous croire si vous aviez dit : Soyez meilleurs, plus justes, plus sincères dans vos rapports avec l'homme, contenez votre cupidité, rendez votre vie saine dans sa simplicité et que votre conscience du divin dans l'humanité soit plus parfaite dans son expression. Mais vous dites que ce n'est pas l'âme mais la machine qui nous est de la plus grande valeur et que le salut de l'homme dépend de son assujettissement parfait au rythme mort des roues et des volants?

que la machine doit être dressée contre la machine et la nation contre la nation dans une perpétuelle lutte de politique ?

Vous dites : ces machines viendront à s'accorder, pour leur protection mutuelle, basée sur une conspiration de la peur. Mais cette fédération de chaudières vous fournira-t-elle une âme, une âme qui ait sa conscience et son Dieu ? Qu'arrivera-t-il dans cette partie du monde, la plus grande, où la peur n'aura pas le pouvoir de vous arrêter ? Le peu de sécurité dont ils jouissent aujourd'hui, ces pays qui ne sont pas des Nations, en face de la licence déchaînée de la forge, du marteau et du tourne-vis, résulte de la jalousie mutuelle des puissances. Mais quand, au lieu d'être de nombreuses machines séparées, elles deviendront rivées en un groupement organisé de gloutonnerie, commerciale et politique, quelle chance lointaine d'espoir restera à ces autres pays, qui ont vécu et souffert, ont aimé et adoré, ont pensé profondément et travaillé avec patience, mais dont le seul crime fut de n'être pas organisés ?

« Mais, dites-vous, qu'importe cela, l'inapte doit aller au mur — ils *mourront*, c'est le progrès. »

Non, pour votre propre salut, je le dis, ils *vivront*, et c'est là la vérité. C'est extrêmement prétentieux de ma part de parler ainsi, mais j'affirme que le monde de l'homme est un monde moral, non parce que nous nous entendons aveuglément pour le croire, mais parce qu'il est ainsi en vérité, et ce serait dangereux pour nous de l'ignorer. Et cette nature morale de l'homme ne peut être divisée en compartiments établis pour se préserver. Vous ne pouvez vous la réserver pour votre consommation individuelle par les murs des tarifs protecteurs, tout en la rendant, dans ses rapports avec l'étranger, considérablement accommodante par son libre-échange licencieux.

Cette vérité ne vous est-elle pas déjà venue à l'esprit quand cette guerre cruelle a enfoncé ses griffes dans les parties vitales de l'Europe ? Quand sa réserve de richesse éclate en fumée et son humanité est réduite en morceaux sur ses champs de bataille ? Vous demandez, au comble de l'étonnement, qu'a-t-elle fait pour mériter cela ? La réponse, c'est que l'Occident a systématiquement pétrifié sa nature morale afin de donner une fondation solide à ses gigantesques abstractions du pouvoir. Elle a tout du long détruit la vie de l'homme personnel au profit du professionnel.

A l'âge médiéval en Europe, l'homme simple et naturel, avec toutes ses passions violentes et ses désirs, s'efforçait de découvrir une réconciliation entre la chair et l'esprit. Tout durant la turbulente carrière de la vigoureuse jeunesse de l'Europe, les forces temporelles et spirituelles agirent fortement toutes les deux sur sa nature et en firent une personnalité morale. L'Europe doit toute sa grandeur dans l'humanité à cette période de discipline — la discipline de l'homme dans son intégrité humaine.

Puis vint l'âge de l'intellect, de la science. Nous savons tous que l'intellect est impersonnel. Notre vie et notre cœur ne font qu'un avec nous, mais notre cerveau peut se détacher de l'homme personnel et c'est alors seulement qu'il peut se mouvoir librement dans son mode de pensées. Notre intellect est un ascète qui ne porte pas de vêtements, ne prend pas de nourriture, ne connaît pas le sommeil, n'a pas de désirs, ne ressent ni amour, ni haine, ni pitié pour les limitations humaines, mais seulement raisonne au milieu des vicissitudes de la vie. Il emprunte aux racines des choses, parce qu'il n'a pas de rapports personnels avec la chose elle-même. Le grammairien va droit, à travers toute poésie, à la racine des mots sans obstruction, parce qu'il ne cherche pas la réalité mais la loi. Quand il a trouvé la loi, il peut enseigner aux gens comment former leurs mots. Ceci est un pouvoir, le pouvoir qui répond à une utilité spéciale, à un besoin particulier de l'homme.

La réalité est l'harmonie qui donne aux parties composantes d'une chose l'équilibre du tout. Vous la brisez et vous avez dans vos mains des atomes nomadiques, luttant l'un contre l'autre, par conséquent sans signification. Ceux qui convoitent le pouvoir essaient de se rendre maîtres de ces éléments combattants aboriginaux et par certains moyens, les réduisent à quelque service violent pour des besoins particuliers de l'homme.

Cette satisfaction des besoins de l'homme est une grande chose. Elle lui donne la liberté dans le monde matériel. Elle lui confère le bénéfice d'un temps et d'un espace plus vaste. Il peut faire des choses dans un temps plus court et occuper un plus large espace avec plus d'avantage. Il peut donc facilement dépasser ceux qui vivent dans un monde d'un temps plus lent et d'un espace moins complètement occupé.

Ce progrès du pouvoir atteint un pas de plus en plus rapide. Et, pour la raison qu'il est une partie détachée de l'homme, il dépassera bientôt l'humanité complète. L'homme moral reste en arrière, parce qu'il lui faut compter avec la réalité tout entière, et non seulement avec la loi des choses qui est impersonnelle et par conséquent abstraite.

Ainsi, l'homme avec son pouvoir mental et matériel dépassant de beaucoup sa force morale, sera comme une girafe exagérée dont la tête se trouverait soudain projetée à des kilomètres du corps, rendant la communication normale difficile à établir. Cette tête gourmande, avec sa vaste organisation dentaire, aura mâché tout le feuillage supérieur du monde, mais l'aliment atteindra trop tard les organes digestifs et le cœur souffrira du manque de sang.

De cette présente désharmonie dans la nature de l'homme, l'Occident semble avoir été joyeusement insouciant. L'énormité de son succès matériel a détourné toute son attention et il ne s'est félicité que de l'ensemble. L'optimisme de sa logique va jusqu'à baser les calculs de sa bonne fortune sur la prolongation indéfinie de ses lignes de chemin de fer vers l'éternité. Il est assez superficiel pour penser que tous les demains ne sont que des aujourd'huis, auxquels se sont ajoutés des vingts-quatre heures répétées. Il ne s'effraie point de la crevasse qui s'élargit tous les jours, entre les magasins toujours plus grands de l'homme et le vide de son humanité affamée. La logique ne sait pas que sous le lit le plus bas de ses couches infinies de fortune et de confort, des tremblements de terre n'attendent que le moment de restaurer l'équilibre du monde moral, et un jour le gouffre baillant du vide spirituel s'emplira de toutes ces choses qui ont un amour éternel pour la poussière.

L'homme dans sa plénitude n'est pas puissant, mais parfait. Par conséquent pour le changer en un simple pouvoir il vous faut rogner son âme autant que possible. Quand nous sommes entièrement humains, nous ne pouvons nous sauter à la gorge les uns des autres : notre instinct de vie sociale, nos traditions d'idéal moral s'y opposent. Si vous voulez faire de moi un boucher d'êtres humains, il vous faudra briser cette plénitude de mon humanité par une discipline qui tuera ma volonté, assourdira mes pensées, rendra mes mouvements automatiques, et alors de la dissociation de l'homme personnel complexe sortira cette abstraction, cette force destructive qui n'a pas de relation avec la vérité humaine et peut en conséquence être facilement brutale ou mécanique.

Retirez l'homme de son entourage naturel, de la plénitude de sa vie communale, avec toutes ses vivantes associations de beauté, d'amour et d'obligations sociales et vous pouvez le changer en autant de fragments de machine qu'il vous plaira pour la production de la richesse sur une échelle gigantesque. Changez un arbre en une bûche et il brûlera pour vous, mais il ne portera jamais de fleurs ni de fruits vivants.

Ce procédé de déshumanisation est employé dans le commerce et la politique. Et des longues douleurs d'enfantement de l'énergie mécanique est né cet appareil complètement développé, appareil de pouvoir magnifique et d'appétit surprenant qu'en Occident on a baptisé : la Nation. Ainsi que je l'ai dit auparavant, en sa qualité d'abstraction elle a, avec la plus grande facilité, dépassé de loin l'homme moral complet. Et, avec la confiance d'un fantôme et l'insensible perfection d'un automate, elle a causé des désastres avec lesquels les dispositions volcaniques de la jeune lune auraient honte d'être comparées. Le résultat : le soupçon de l'homme pour l'homme pique tous les membres de cette civilisation comme les poils de l'ortie. Chaque pays jette son filet d'espionnage au fond de la bourbe des autres, pêchant leurs secrets, ces traités perfides qui se développent dans les profondeurs boueuses de la diplomatie. Et quel est ce service secret, si ce n'est le trafic souterrain de la nation en enlèvements, assassinats et trahisons et tous les vilains crimes engendrés dans les abîmes de la putréfaction ?

Parce que chaque nation a sa propre histoire de vols, de mensonges et de parjures, la jalousie et la suspicion internationale ne peuvent que se développer, et la honte morale internationale s'anémie jusqu'au ridicule. Les trompettes dé la juste indignation nationale ont si souvent changé d'air selon le temps et les changeants groupements d'alliances diplomatiques, qu'elles sont devenues un numéro amusant du music-hall politique.

Je reviens de visiter le Japon, après avoir exhorté cette jeune nation à s'appuyer sur les idéaux les plus élevés de l'humanité et à ne jamais suivre l'Occident dans son acceptation de l'égoïsme organisé du Nationalisme comme sa religion, à ne jamais se laisser tenter à profiter de la faiblesse de ses voisins, à ne jamais manquer de scrupules en traitant avec les faibles, malgré que le contraire serait glorieusement assuré de l'impunité, et à tendre la joue droite de son humanité la plus noble au baiser d'admiration de ceux qui ont le pouvoir de la frapper. Certains journaux louèrent mes paroles pour leurs qualités poétiques, tout en ajoutant avec un sourire de mépris que c'était là la poésie d'un peuple vaincu. Je sentis qu'ils avaient raison.

Le Japon a appris dans une école moderne comment devenir puissant. L'éducation est faite et il n'a plus qu'à jouir des fruits de ces leçons. L'Occident, par la voix de tonnerre de ses canons a dit à la porte du Japon : Qu'une Nation soit — et une Nation fut.

Et maintenant qu'elle existe, pourquoi du fond de tout votre cœur, Occidentaux, ne vous sentez-vous pas heureux et ne dites-vous pas que c'est parfait ? Pourquoi faut-il que j'aie vu dans un journal anglais commenter amèrement un Japon qui se vantait de la supériorité de sa civilisation — ce que les Anglais, de même que les autres nations, ont fait depuis des siècles sans rougir ? Parce que l'idéalisme de l'égoïsme doit s'entretenir dans l'ivresse par une dose continuelle d'auto-louanges. Mais les mêmes vices qui vous semblent si naturels et inoffensifs dans votre propre vie, vous surprennent et vous contrarient par leur caractère désagréable lorsque vous les voyez chez les autres. Et c'est pourquoi, lorsque vous voyez la nation japonaise, créée à votre image, se lancer dans sa carrière de vantardise nationale, vous secouez la tête et dites : ça ne vaut rien. Cela n'a-t-il pas été l'une des causes qui ont fait, sur certaine côte, réclamer la « préparation » à opposer à une force du mal une plus grande force du mal ?

Le Japon proteste qu'il a son *bushido*, qu'il ne saurait jamais être traître à l'Amérique, à laquelle il doit sa gratitude. Mais l'Amérique a de la peine à le croire, car la sagesse de la Nation n'est pas dans sa foi dans l'humanité, mais dans sa défiance complète. Elle se dit que ce n'est pas au Japon du *bushido*, le Japon à l'idéal moral, qu'elle a affaire, c'est à l'abstraction d'égoïsme populaire, c'est à la Nation, et une Nation ne peut se fier à une Nation que lorsque leurs intérêts sont communs, ou tout au moins n'entrent pas en conflit. En réalité, l'instinct américain lui dit que la venue d'un autre peuple dans l'arène des nationalités est une addition nouvelle au mal qui contredit tout ce qui est le plus élevé chez l'homme et prouve par son succès que le manque de scrupule est le chemin de la prospérité — et que la bonté, c'est bon pour le faible et que Dieu est la seule consolation qui reste au vaincu.

Oui, c'est cela la logique de la Nation. Et elle ne prêtera jamais l'oreille à la voix de la vérité et de la bonté. Elle continuera sa danse en rond de corruption morale, reliant l'acier à l'acier et la machine à la machine ; foulant à

ses pieds toutes les douces fleurs de la foi simple
et les idéaux vivants de l'homme.

Mais nous nous trompons nous-mêmes par
cette pensée que l'humanité en nos jours modernes est plus « avancée » que jamais auparavant. La raison de ce leurre, c'est que l'homme
a en plus grande proportionce qui est nécessaire
à sa vie et ses maux physiques sont allégés
avec plus d'efficacité.

Mais la part principale de ceci est produite,
non par le sacrifice moral, mais par le pouvoir
intellectuel. En quantité, c'est grand, mais cela
jaillit de la surface et se répand par-dessus. La
science et ses applications sont puissantes dans
leurs effets extérieurs, mais elles sont les ser-
vantes de l'homme et non l'homme lui-même.
Leur service est comme le service d'un hôtel
où il est impeccable, mais l'hôte est absent;
c'est plus confortable qu'hospitalier.

C'est pourquoi nous ne devons pas oublier
que les organisations scientifiques qui s'étendent dans toutes les directions renforcent notre
pouvoir, mais non notre humanité. Avec le
développement du pouvoir, se développent
aussi le culte et l'adoration égoïste de la Nation;

et l'individu permet volontiers à la Nation de faire sur son dos des promenades à âne ; et cette anomalie se produit qui doit avoir de si dangereux effets : que l'individu adore un Dieu, auquel il sacrifie tout, qui est moralement très inférieur à lui-même. Ceci n'aurait jamais été possible si le dieu avait été aussi réel que l'individu.

Permettez-moi d'en donner un exemple. Dans certaines parties de l'Inde, il a été enjoint aux veuves, comme un acte de grande piété, de se passer d'eau et de nourriture un certain jour par quinzaine. Ceci conduit souvent à une cruauté, inutile et inhumaine. Et cependant les hommes ne sont pas, par nature, cruels à ce point. Mais cette piété étant une simple abstraction irréelle, elle étouffe complètement le sens moral de l'individu, de même que l'homme, qui ne ferait pas de mal inutilement à un animal, cause d'horribles souffrances à un grand nombre d'innocentes créatures quand il étouffe ses sentiments sous l'idée abstraite de la « Chasse ». Parce que ces idées sont la création de notre cerveau, parce qu'elles sont des classifications logiques, c'est pour cela qu'elles pourront si souvent cacher sous leur brume la personne réelle de l'homme.

Et l'idée de la Nation est un des plus puissants anesthésiques que l'homme ait inventés. Sous l'influence de ses pensées un peuple entier peut exécuter son programme systématique d'égoïsme virulent sans s'apercevoir le moins du monde de sa perversion morale — en réalité, se fâchant dangereusement si on la lui fait remarquer.

Mais ceci peut-il continuer indéfiniment, qui fait de notre nature vivante un désert d'insensibilité morale ? La Nation peut-elle échapper à jamais à sa « Nemesis » ? Ce pouvoir géant d'organisation n'a-t-il point de bornes en ce monde contre lesquelles il peut se briser d'autant plus complètement que sa force et sa vélocité sont terribles ? Croyez-vous que le mal puisse être d'une façon permanente empêché d'agir par la concurrence du mal ? et qu'une conférence de la prudence peut garder, par un accord mutuel, le diable enchaîné dans son semblant de cage ?

La guerre européenne des Nations fut la guerre de la rétribution. L'homme, la personne, doit protester pour sa vie même contre l'amas de choses là où il devrait y avoir un cœur, de systèmes et de polices où devrait couler le flot vivant des rapports humains. Les temps sont venus où, pour le salut du monde entier outragé, l'Europe connut en sa propre personne l'absurdité terrible de cette chose qu'on appelle la Nation.

La Nation a trafiqué longtemps de l'humanité mutilée. Les hommes, les plus belles créations de Dieu, sortirent de l'usine nationale, en multitudes de pantins, faiseurs de guerre et d'argent, comiquement vains de leur pitoyable perfection mécanique. La société humaine devint de plus en plus un spectacle de marionnettes de politiciens, de soldats, d'usiniers et de bureaucrates, mus par les fils d'une merveilleuse et puissante organisation.

Mais l'apothéose de l'égoïsme ne pourra jamais faire de son interminable production de haine et de cupidité, de crainte et d'hypocrisie, de suspicion et de tyrannie, une fin en elle-même ? Ces monstres croissent en monstrueuses formes mais jamais en harmonie. Et la Nation ne peut prendre qu'une corpulence inimaginable, non d'un corps vivant, mais d'acier, de vapeur et de bureaux, jusqu'à ce que sa difformité ne puisse plus longtemps contenir cette laideur volumineuse, jusqu'à ce qu'elle commence à craquer et à bailler, à respirer le sang et le feu, jusqu'à ce que sonne le tocsin dans le tonnerre de ses canons. En cette guerre l'agonie de la Nation a commencé. Brusquement, tout son mécanisme s'affolant, elle a commencé la danse des Furies, brisant ses propres membres, éparpillant leur poussière. C'est le cinquième acte de la tragédie de l'irréel.

Ceux qui ont quelque foi en l'Homme ne pourront qu'espérer avec ferveur que la tyrannie de la Nation ne soit point rendue à ses crocs et à ses griffes, à ses bras de fer si étendus et à son immense cavité intérieure, tout estomac et point de cœur ; que l'homme renaîtra, dans la liberté de son individualité, du vague enveloppant de l'abstraction.

Le voile a été levé et dans cette guerre effroyable, l'Occident s'est dressé face à face avec sa propre création, à laquelle il avait offert son âme. Il doit aujourd'hui savoir ce qu'elle est vraiment.

Il ne s'était jamais permis de soupçonner quelle lente décomposition se faisait dans sa nature morale, se manifestant souvent en doctrines de scepticisme, mais plus souvent encore et d'une façon plus dangereusement subtile dans son inconscience de la mutilation et de l'insulte qu'il infligeait à une vaste partie du monde. Maintenant il doit reconnaître la vérité ; elle s'est rapprochée de lui.

Et alors de ses propres enfants naîtront ceux qui sauront se libérer de l'esclavage de cette illusion, de cette perversion de fraternité fondée sur l'égoïsme, ceux qui se diront les enfants de Dieu et non les esclaves de la machinerie qui change les âmes en marchandise et la vie en compartiments, qui, de ses griffes de fer, écorche le cœur du monde et ne sait pas ce qu'elle fait.

Et nous, les sans-nation du monde, dont la tête a été courbée jusque dans la poussière, nous saurons que cette poussière est plus sacrée que les briques dont est construit l'orgueil du pouvoir. Car cette poussière est fertile en vie, en beauté et en amour. Nous remercierons Dieu de nous avoir fait attendre en silence dans la nuit du désespoir, d'avoir eu à supporter l'insulte du fier et le fardeau du fort, et cependant, tout cela durant, quoique nos cœurs tremblaient de doute et de crainte, de n'avoir jamais pu croire aveuglement dans le salut offert par la machinerie à l'homme, mais d'être resté fidèle à notre confiance en Dieu et en la vérité de l'âme humaine.

Et nous pouvons encore caresser l'espoir que, lorsque le pouvoir aura honte d'occuper son trône et sera prêt à céder sa place à l'amour, lorsque le matin viendra nettoyer les traces sanglantes des pas de la Nation sur la grand' route de l'humanité, on nous demandera d'apporter notre vase d'eau sacrée — d'eau d'amour — pour adoucir et purifier l'histoire de l'homme, et sous sa pluie, bénir et rendre fertile la poussière piétinée des siècles.

II

LE NATIONALISME AU JAPON

I

La pire forme d'esclavage, c'est l'esclavage
du découragement, qui tient les hommes déses-
pérément enchaînés à leur manque de foi en
eux-mêmes. On nous a dit à maintes reprises,
et non sans raison, que l'Asie vit dans le passé,
qu'elle ressemble à un riche mausolée qui
dépense toute sa splendeur à essayer d'immor-
taliser les morts. On a dit de l'Asie qu'elle ne
pourra jamais avancer dans la voie du progrès,
tant elle regarde inévitablement derrière elle.
Nous avons accepté cette accusation et sommes
arrivés à la croire. Dans l'Inde, je connais une
grande section de notre communauté qui, fati-
guée de ressentir l'humiliation de cette critique,
s'efforce par tous les moyens qu'offre l'illusion

de la changer en une sorte de vantardise. Mais la vantardise n'est que la honte masquée, elle ne croit pas vraiment en elle-même.

Tandis que les choses restaient ainsi et que nous autres, asiatiques, nous hypnotisions nous-mêmes dans la croyance qu'il ne pouvait y avoir de possibilités autrement, le Japon se réveillait de ses rêves et à pas de géant laissait loin derrière lui ses siècles d'inaction, surprenant les temps présents par l'avance de ses résultats. Ceci brisa le charme sous lequel nous entretenions notre torpeur, que nous croyions être la condition normale de certaines races habitant certaines limites géographiques. Nous oubliions qu'en Asie furent fondés de grands royaumes, que la philosophie, la science, la littérature et les arts y furent florissants et que toutes les grandes religions du monde y eurent leur berceau. Il est donc injuste de dire qu'il y a dans le sol et le climat de l'Asie un caractère inhérent producteur d'inactivité mentale et atrophiant les facultés qui poussent les hommes à aller de l'avant. Pendant des siècles nous avons tenu les torches de la civilisation en Orient, alors que l'Occident dormait dans les ténèbres, et ce n'est pas là le signe d'un esprit apathique ou de vues étroites.

Puis tomba l'obscurité de la nuit sur toutes les terres orientales. Le cours du temps parut s'arrêter d'un seul coup et l'Asie cessa de prendre toute nourriture nouvelle, se nourrissant sur son passé, c'est-à-dire se nourrissant sur elle-même. Le calme ressembla à la mort et la grande voix se tut qui avait envoyé les messages de vérité éternelle, épargnant la pollution à l'homme durant des générations, comme l'océan d'air conserve la terre douce en la lavant de ses impuretés.

Mais la vie a son sommeil, ses périodes d'inactivité, et alors elle perd ses mouvements, ne prend plus de nourriture et vit sur sa réserve du passé. Elle devient impuissante, ses muscles se détendent et sa stupeur prête à la moquerie. Dans le rythme de la vie, il doit y avoir des pauses pour le renouvellement de la vie. La vie dans son activité se dépense sans compter, brûlant tout son combustible. Cette extravagance ne peut durer indéfiniment, mais est toujours suivie d'une période passive ; alors toute dépense est arrêtée et toute aventure abandonnée en faveur du repos et d'une lente récupération.

La tendance de l'esprit est économique, il aime à se former des habitudes et à se mouvoir sur des rails qui lui épargnent l'ennui de penser à nouveau à chacun de ses pas. Une fois formés les idéaux rendent le cerveau paresseux. Il a peur de risquer ses acquisitions en de nouvelles entreprises. Il essaie de jouir de la sécurité complète en renfermant ce qui lui appartient derrière les fortifications de l'habitude. Mais, en même temps, il s'interdit réellement la complète jouissance de ses possessions. C'est de l'avarice. Les idéaux vivants ne doivent pas perdre contact avec la vie toujours croissante et changeante. Leur liberté réelle n'est pas entre les bornes de la sécurité, mais sur les grandes routes de l'aventure, remplies des risques de nouvelles expériences.

Un matin le monde entier s'éveilla surpris : le Japon, durant la nuit, avait renversé les murs de ses vieilles habitudes ; et était sorti triomphant. Ce fut fait en un temps si incroyablement court que cela parut davantage comme un changement de costume que comme la construction d'un édifice nouveau. On y voyait la force

confiante de la maturité en même temps que
la fraîcheur et la potentialité infinie d'une vie
nouvelle. Cependant, on craignit que ce ne fut
qu'un simple caprice de l'histoire, un jeu du
Temps, le gonflement d'une bulle de savon,
parfaite de rondeur et de coloris, mais le cœur
creux et sans substance. Le Japon a prouvé,
de façon conclusive, que cette révélation soudaine de son pouvoir n'était pas une merveille
de courte vie, un produit accidentel du temps
et de la marée, projeté des profondeurs de
l'obscurité pour retomber, l'instant d'après,
dans l'océan de l'oubli.

La vérité, c'est que le Japon est vieux et
nouveau à la fois. Il a hérité de l'ancienne culture de l'Orient, — la culture qui enjoint à
l'homme de rechercher sa vraie fortune et son
vrai pouvoir dans son âme intime, la culture
qui donne la possession de soi en face de la
perte et du danger, le sacrifice de soi sans
compter le coût ou l'espoir du gain, le défi de
la mort, l'acceptation des innombrables obligations sociales que nous devons aux hommes
en tant qu'êtres sociaux. En un mot, le Japon
moderne est sorti de l'Orient immémorial

comme un lotus en fleurs, avec une grâce aisée, mais conservant tout le temps de solides attaches dans les profondeurs d'où il avait surgi.

Et le Japon, l'enfant de l'Ancien Orient, a courageusement lui aussi, revendiqué pour lui-même tous les dons du siècle moderne. Il a fait montre de son fier esprit en rompant avec les barrières de l'habitude, l'accumulation inutile d'un cerveau paresseux, qui cherche la sécurité dans son épargne, ses serrures et ses clefs. Il est ainsi entré en contact avec les temps vivants et a accepté avec passion et aptitude les responsabilités de la civilisation moderne.

C'est ce qui a donné un cœur au reste de l'Asie. Nous avons vu que la vie et la force sont là, en nous ; il suffit que l'écorce morte soit retirée. Nous avons vu que s'abriter chez les morts, c'est la mort elle-même, alors que courir tous les risques de la vie jusqu'au plus haut point, c'est la vie.

Pour moi, je ne puis croire que le Japon soit devenu ce qu'il est en imitant l'Occident. On ne peut imiter la vie, on ne peut longtemps simuler la force, et même, ce qui est pire, une simple imitation est une source de faiblesse.

Car elle est une entrave à notre vraie nature et se met toujours en travers de notre chemin. C'est comme si nous revêtions notre squelette de la peau d'un autre homme, créant ainsi à tout instant d'éternelles querelles entre la peau et les os.

La vérité réelle, c'est que la science n'est pas la nature de l'homme, c'est simplement du savoir et de l'instruction. Parce que vous connaissez les lois de l'univers matériel, vous ne changez pas votre propre et profonde humanité. Vous pouvez emprunter aux autres du savoir, vous ne pouvez leur emprunter du tempérament.

Mais dans la période imitative de notre éducation, nous ne pouvons distinguer entre l'essentiel et le non-essentiel, entre ce qui est tranférable et ce qui ne l'est pas. C'est quelque chose comme la foi du cerveau primitif dans les propriétés magiques des accidents de forme extérieure qui accompagnent une vérité réelle. Nous avons peur de laisser quelque chose de précieux et d'efficace en n'avalant pas l'amande avec la coque. Mais alors que notre gourmandise se délecte d'une appropriation globale, c'est la fonction de notre nature vitale d'assimiler, ce qui est la seule vraie appropriation pour un organisme vivant. Où il y a de la vie, elle est sûre de s'affirmer par son choix d'acceptation et du refus selon ses besoins constitutionnels. L'organisme vivant ne se permet pas de se développer en sa nourriture, il transforme au contraire sa nourriture en son propre corps. Et ainsi seulement il peut devenir fort et non pas par une simple accumulation ou par l'abandon de son identité personnelle.

Le Japon a importé sa nourriture de l'Occident, mais non sa nature vitale. Le Japon ne peut complètement se perdre et se fondre dans les accessoires scientifiques qu'il a acquis de l'Occident et se changer en une simple machine d'emprunt. Il a son âme propre, qui doit s'affirmer dans tous ses besoins. Qu'il soit capable d'agir ainsi et que cette opération d'assimilation soit en cours, cela a été amplement prouvé par les symptômes de santé vigoureuse qu'il montre. Et j'espère sincèrement que le Japon, dans l'orgueil de son acquisition étrangère, ne puisse jamais perdre sa foi en son âme propre. Car cet orgueil même est une humiliation qui conduit finalement à la pauvreté et à la faiblesse. C'est l'orgueil de la coquette qui attache plus d'importance à sa nouvelle coiffure qu'à sa tête elle-même.

Le monde entier est dans l'attente de ce que cette grande nation orientale va faire des opportunités et des responsabilités qu'elle a acceptée des mains des temps modernes. Si c'est une simple reproduction de l'Occident, alors le grand espoir qu'elle a soulevé restera vain. Car il y a de graves questions que la civilisation occidentale a présentées devant le monde, mais auxquelles elle n'a pas répondu complètement. Le conflit entre l'individu et l'état, le travail et le capital, l'homme et la femme ; le conflit entre la cupidité du gain matériel et la vie spirituelle de l'homme, l'égoïsme organisé des nations et les grands idéaux de l'humanité ; le conflit entre toutes les laides complexités inséparables des gigantesques organisations commerciales et gouvernementales et les instincts naturels de l'homme criant après la simplicité, la beauté et la plénitude du loisir — tous ces conflits ont à être résolus d'une façon encore insoupçonnée.

Nous avons vu ce grand courant de civilisation s'engorger avec les détritus que charriait ses innombrables canaux. Nous avons vu qu'avec tout son amour tant vanté de l'humanité, elle s'est montrée la plus grande menace envers l'Homme, pire — et de beaucoup — que les éclats soudains de barbarie nomade dont les hommes souffrirent dans les premiers âges de l'histoire. Nous avons vu, qu'en dépit de son amour tant vanté de la liberté, elle a produit des formes d'esclavage pires que celles qui étaient courantes dans les sociétés primitives — esclavage dont les chaînes ne peuvent être rompues, soit qu'elles sont invisibles, soit qu'elles assument les nom et apparence de la liberté. Nous avons vu, sous l'influence de sa gigantesque mesquinerie, l'homme perdre sa foi en tous les idéaux héroïques de la vie qui l'ont fait grand.

Le Japon ne peut, par conséquent, accepter d'un cœur léger la civilisation moderne avec toutes ses tendances, ses méthodes et ses formules, et rêver qu'elles sont inévitables. Il lui faut employer son cerveau oriental, sa force spirituelle, son amour de la simplicité, sa reconnaissance de l'obligation sociale, afin de percer une voie nouvelle pour ce grand et pesant char du progrès, aux grincements bruyants. Il devra réduire au minimum l'immense sacrifice de la vie et de la liberté de l'homme que ce progrès réclame à mesure qu'il avance.

Des générations durant, le Japon a senti, a pensé, a travaillé, a adoré à sa façon propre ; et ceci ne peut être abandonné comme on abandonne de vieux habits. C'est dans son sang, dans la moelle de ses os, dans la texture de sa chair, dans le tissu de son cerveau ; et ce doit modifier tout ce qu'il touchera, sans qu'il le sache, même contre son désir. Une fois qu'il aura résolu le problème de l'homme à sa satisfaction, il aura obtenu sa philosophie de la vie et développé son art de vivre.

S'il applique tout ceci à la situation présente il en naîtra une création nouvelle et non une simple répétition, une création que l'âme de son peuple possédera en propre et offrira fièrement au monde comme son tribut au bien-être de l'homme. De tous les pays d'Asie, le Japon a le libre emploi selon son génie et ses besoins des matériaux recueillis en Occident. Sa responsabilité n'en est que plus grande, car par sa voix l'Asie répondra aux questions que l'Europe a soumises à la conférence de l'Homme. C'est dans ce pays que seront faites ces expériences par lesquelles l'Orient changera les aspects de la civilisation moderne, lui infusant de la vie là où ce n'est qu'une machine, substituant le cœur humain au froid expédient, se souciant moins du pouvoir et du succès que du développement harmonieux et vivant de la vérité et de la beauté.

Je ne puis que rappeler ces jours où toute l'Asie Orientale, de Burma au Japon, était unie à l'Inde par les liens d'amitié les plus serrés, les seuls liens naturels qui peuvent exister entre les nations. Les cœurs vibraient à l'unisson, s'adressant mutuellement des messages sur les besoins les plus profonds de l'humanité. Nous ne nous craignions pas les uns les autres, nous n'avions pas besoin de nous armer pour nous arrêter mutuellement ; nos rapports n'étaient pas ceux de l'intérêt personnel, de l'exploration et de la spoliation des poches du prochain ; nous échangions des idées et des idéaux, nous nous faisions des dons de l'amour le plus élevé ; aucune différence de langue ou de coutume ne nous empêchait de nous parler cœur à cœur ; aucun orgueil de race ni aucune conscience insolente de supériorité, physique ou mentale, ne gâtaient nos rapports ; nos arts et nos littératures produisaient des fleurs et des feuilles nouvelles sous l'influence de ce soleil qu'étaient nos cœurs unis ; et des races appartenant à des histoires, des langues et des pays différents reconnurent la plus haute unité de l'homme et le plus profond lien d'amour. Ne pouvons-nous aussi nous rappeler que dans ces jours de paix et de bonne volonté, d'hommes unis pour ces fins suprêmes de la vie, la nature japonaise a conservé pour elle-même le baume d'immortalité qui a aidé son peuple à renaître dans un nouvel âge, à pouvoir survivre à ses vieilles formes usées, à sortir indemne du choc de la plus merveilleuse révolution que le monde ait jamais vue ?

La civilisation politique qui a surgi du sol de l'Europe et se répand sur le monde entier, comme une herbe prolifique, est basée sur l'exclusivité. Elle est constamment préoccupée de tenir les étrangers à l'écart ou de les exterminer. Elle est carnivore et cannibale dans ses tendances, elle s'alimente sur les ressources des autres peuples et essaie d'avaler tout leur avenir. Elle a toujours peur que d'autres races ne parviennent à l'éminence et ne la déclarent un péril, et elle essaie de contrarier tous les symptômes de grandeur en dehors de ses propres frontières, obligeant les races d'hommes qui sont plus faibles à rester éternellement figées dans leur faiblesse.

Avant que cette civilisation devînt toute puissante et ouvrît ses mâchoires affamées, assez larges pour engloutir les grands continents de la terre, nous eûmes des guerres, des pillages, des changements de monarchies et leurs misères conséquentes, mais jamais un tel tableau de voracité appeurée et désespérée, de nations se nourrissant l'une sur l'autre, de machines énormes transformant de grandes parties, de la terre en chair à pâté, de terribles jalousies avec toutes leurs dents et leurs mâchoires affreuses prêtes à s'entredéchirer. Cette civilisation politique est scientifique et non humaine. Elle est puissante, parce qu'elle concentre toutes ses forces sur un but, comme un millionnaire acquiert de l'argent au prix de son âme. Elle trahit sa confiance, elle tisse impudemment ses réseaux de mensonges, elle élève des autels aux idoles de la cupidité dans ses temples, tirant un grand orgueil des cérémonies coûteuses de ce culte et appelant cela : patriotisme.

Et l'on peut prophétiser, sans crainte de se tromper, que cela ne peut continuer, car il y a une loi morale dans ce monde qui s'applique à la fois aux individus et aux corps d'hommes organisés. Vous ne pouvez violer éternellement ces lois, au nom de votre nation, et cependant jouir de leurs avantages en tant qu'individus. Cette sape publique des idéaux éthiques réagit lentement sur chaque membre de la société, en-gendrant peu à peu la faiblesse, où on ne la voit pas, et causant cette méfiance cynique de toutes les choses sacrées dans la nature humaine, qui est le vrai symptôme de la sénilité. Il faut nous rappeler que cette civilisation politique, cette doctrine du patriotisme national, n'a jamais été de longue durée. La lampe de la Grèce ancienne est éteinte dans le pays où elle fut allumée, le pouvoir de Rome gît enseveli sous les ruines de son vaste empire. Mais la civili-sation, dont la base est la société et l'idéal spirituel de l'homme, est toujours bien vivante en Chine et dans les Indes. Si faible et petite qu'elle puisse paraître, si nous jugeons d'après le niveau de puissance mécanique des jours modernes, elle contient toutefois de la vie, comme les plus petites semences, et elle poussera, grandira et étendra ses branches bienfaisantes, produisant des fleurs et des fruits lorsque son heure viendra et que du ciel une pluie de grâce descendra sur elle. Mais les ruines des *skyscrapers* du pouvoir et la mécanique cassée de la cupidité, la pluie de Dieu elle-même est impuissante à les relever ; car elles n'étaient pas faites de vie, mais se dressaient contre la vie en général — elles sont les reliques de la rébellion qui se brisa en morceaux contre l'éternel.

L'accusation portée contre nous, c'est que les idéaux que nous entretenons en Orient sont statiques, qu'ils n'ont pas en eux de force d'impulsion pour se mouvoir, pour ouvrir de nouvelles perspectives de savoir et de pouvoir, que les systèmes de philosophie qui sont le grand état des civilisations de l'Orient usées par le temps méprisent toutes les preuves extérieures, se contentant stupidement de leur certitude subjective. Ceci prouve que lorsque notre connaissance est vague nous sommes portés à accuser l'objet même de notre connaissance d'être vague. Pour un observateur occidental notre civilisation apparaît comme n'étant que métaphysique, tout comme à un sourd le piano n'est que des mouvements de doigts et non de la musique. Il ne peut penser que nous avons trouvé une base profonde de réalité sur laquelle nous avons édifié nos institutions.

Malheureusement toutes les preuves de réalité sont dans la réalisation. La réalité du tableau qui est devant vous dépend seulement du fait que vous pouvez voir, et il nous est difficile de prouver à un incrédule que notre civilisation n'est pas un système nébuleux de spéculations abstraites, qu'elle a accompli quelque chose qui est une vérité positive — une vérité qui peut donner au cœur de l'homme abri et appui. Elle a produit un sens intérieur, — un sens de la vision, la vision de la réalité infinie dans toutes les choses finies.

Mais il dit : « Vous ne faites pas de progrès, il n'y a pas de mouvement en vous ». Je lui demande : « Comment le savez-vous ? Vous devez juger le progrès selon son but. Un train de chemin de fer progresse vers la station terminus, — c'est du mouvement. Mais un arbre parvenu à son plein développement n'a pas de mouvement défini de ce genre, son progrès est le progrès intérieur de la vie. Il vit, avec ses aspirations vers la lumière frémissant dans ses feuilles et coulant dans sa sève silencieuse ».

Nous aussi, nous avons vécu durant des siècles, nous vivons encore et nous aspirons à une réalité qui n'a pas de fin à sa réalisation, — une réalité qui va au delà de la mort, lui donnant une signification qui s'élève au-dessus de toutes les misères de la vie et porte en elle sa paix et sa pureté, sa joyeuse renonciation de soi. Le produit de cette vie intérieure est un produit vivant. Il sera nécessaire lorsque le jeune homme reviendra à la maison fatigué et couvert de poussière, lorsque le soldat sera blessé, lorsque la fortune sera gaspillée et l'orgueil humilié, lorsque le cœur de l'homme réclamera la vérité dans l'immensité des faits et l'harmonie dans la contradiction des tendances. Sa valeur n'est pas dans sa multiplication des matériaux, mais dans son accomplissement spirituel.

Il y a des choses qui ne peuvent attendre. Il vous faut vous précipiter, courir et marcher si vous devez lutter ou prendre la première place sur le marché. Vous tendez vos nerfs et restez en alerte lorsque vous pourchassez des occasions qui sont toujours sur l'aile. Mais il est des idéaux qui ne jouent pas à cache-cache avec notre vie ; ils se développent lentement de la graine jusqu'à la fleur, de la fleur au fruit ; ils réclament l'espace infini et la lumière du ciel pour arriver à maturité et les fruits qu'il produisent peuvent survivre à des années d'insulte et de mépris. L'Orient avec ses idéaux, dans le sein duquel sont déposés des siècles de soleil et de silence étoilé, peut attendre patiemment que l'Occident, dans sa course après l'expédient, perde haleine et s'arrête. L'Europe, qui se hâte affairée à ses rendez-vous, jette dédaigneusement son regard par la portière de la voiture sur le moisonneur récoltant son blé dans les champs et, dans son intoxication de vitesse, ne peut que le trouver lent et même rétrograde. Mais la vitesse arrive à sa fin, le rendez-vous perd sa signification et le cœur affamé réclame de la nourriture — c'est le retour final au lent moisonneur qui moissonne dans le soleil. Car si le bureau ne peut attendre, ou l'achat et la vente, ou le désir d'excitation, l'amour sait attendre et la beauté, la sagesse de la souffrance, les fruits du dévouement patient et la révérente humilité de la simple foi. Et ainsi l'Orient attendra que vienne son temps.

Je ne dois pas hésiter à reconnaître en quoi l'Europe est grande, car elle est grande, sans aucun doute. Nous ne pouvons nous empêcher de l'aimer de tout notre cœur et de lui rendre le meilleur hommage de notre admiration, — l'Europe qui, dans sa littérature et son art, se déverse en une inépuisable cascade de beauté et de vérité fertilisant toutes les contrées et tous les temps ; l'Europe qui, d'un cerveau titanique dans son pouvoir infatigable, atteint à la fois les sommets et les profondeurs de l'univers, gagnant par son savoir l'hommage des infiniment grands et des infiniment petits, appliquant toutes les ressources de son grand intellect et de son grand cœur à guérir les

malades et à alléger ces misères de l'homme
que jusqu'ici nous nous sommes contentés d'accepter dans un esprit d'impuissante résignation ;
l'Europe qui fait rendre à la terre plus de fruits
qu'il ne semblait possible, flattant et réduisant
les grandes forces de la nature au service de
l'homme. Une telle vraie grandeur doit avoir
sa force motrice dans la force spirituelle. Car
seulement l'esprit de l'homme peut défier toutes
les limitations, avoir foi dans son succès ultime,
fouiller de sa lumière au delà de l'immédiat
de l'apparent, souffrir volontiers le martyre
pour des fins qui ne peuvent être achevées
durant sa vie et accepter l'échec sans reconnaître la défaite.

Dans le cœur de l'Europe coule le flot le plus
pur d'amour humain, d'amour de la justice,
d'esprit de sacrifice pour de nobles idéaux. La
culture chrétienne séculaire a pénétré profondément dans le cœur de sa vie. En Europe nous
avons vu de nobles cerveaux qui se sont toujours dressés pour les droits de l'homme sans
distinction de couleur ou de doctrine ; qui ont
bravé la calomnie et l'insulte de leur propre
peuple en combattant pour la cause de l'huma-

nité et en élevant leur voix contre les folles orgies du militarisme, contre la rage de représailles brutales et de rapacité qui s'empare parfois de tout un peuple ; qui sont toujours prêts à réparer des torts causés dans le passé par leur propre nation et s'efforcent vainement de refouler la lâche injustice qui coule non contenue parce que la résistance est faible et innocente de la part de ceux qu'elle atteint. Il y a ces chevaliers errants de l'Europe moderne qui n'ont pas perdu leur foi dans l'amour désintéressé de la liberté, dans les idéaux qui ne possèdent point de frontières géographiques ni d'intérêts nationaux. Ils sont là pour prouver que la source de l'eau de la vie éternelle n'est pas encore tarie en Europe et que celle-ci saura s'y retremper et renaître de temps en temps.

Là seulement, où l'Europe est trop consciemment affairée à édifier son pouvoir, défier sa nature plus profonde et s'en moquer, elle entasse ses iniquités jusqu'au ciel, appelant la vengeance de Dieu et répandant l'infection de la laideur, physique et morale, sur la surface de la terre par son commerce insensible qui est un outrage impudent au sentiment humain du beau et du bon. L'Europe est suprêmement bonne dans sa bienfaisance, lorsqu'elle tourne son visage vers toute l'humanité ; et l'Europe est suprêmement mauvaise dans sa méchanceté lorsqu'elle ne tourne son visage que vers son propre intérêt, employant toute la puissance de sa grandeur à des fins qui sont contre l'infini et l'éternel dans l'Homme.

L'Asie orientale a poursuivi son chemin, laissant évoluer sa civilisation, qui n'était pas politique mais sociale, pas vorace et mécaniquement puissante mais spirituelle et basée sur tous les rapports variés et profonds de l'humanité. La solution des problèmes de la vie des peuples fut étudiée dans la solitude et exécutée derrière la sécurité de la distance, où tous les changements dynastiques et les invasions étrangères pouvaient difficilement l'atteindre. Mais maintenant nous sommes envahis par le monde extérieur, notre solitude est perdue à jamais. Cependant nous ne devons pas le regretter, pas plus qu'une plante ne peut jamais regretter l'obscurité de la semence où elle germa. Maintenant le temps est venu de faire du problème mondial notre propre problème ; nous devons mettre l'esprit de notre civilisation en harmonie avec l'histoire de toutes les nations de la terre ; nous ne devons pas, par un sot orgueil, rester immobiles dans l'écorce de la semence et la croûte de la terre qui protégèrent et nourrirent nos idéaux ; car cette écorce et cette croûte furent faites pour être rompues, afin que la vie puisse jaillir dans toute sa vigueur et sa beauté, apportant dans la pleine lumière du jour ses offrandes au monde.

Dans cette tâche de rompre la barrière et faire face au monde, le Japon a été le premier en Orient. Il a infusé l'espoir dans le cœur de toute l'Asie. Cet espoir fournit le feu caché qui est nécessaire à toute œuvre de création. L'Asie sent maintenant qu'elle doit justifier sa vie en produisant une œuvre vivante, elle ne doit pas rester passivement endormie, ou imiter faiblement l'Occident, dans l'infatuation de la crainte ou de la flatterie. Pour ceci nous offrons nos remerciements à cette Terre du Soleil Levant et lui demandons solennellement de se rappeler qu'elle a à remplir la mission de l'Orient.

C'est à elle qu'il appartient d'infuser la sève d'une plus complète humanité dans le cœur de la civilisation moderne. Elle ne devra jamais lui permettre de se laisser étouffer par les broussailles nuisibles, mais la conduire vers la lumière et la liberté, vers l'air pur et le vaste espace, où elle pourra recevoir, dans l'aube de son jour et les ténèbres de sa nuit, l'inspiration du ciel. Que la grandeur de ses idéaux devienne visible à tous les hommes comme son Fuji couronné de neige s'élève du cœur du pays jusque dans les régions de l'infini, suprêmement distinct de tout son entourage, beau comme une jeune fille dans sa courbe magnifique, et cependant ferme et fort et sereinement majestueux.

II

J'ai voyagé dans de nombreux pays et j'ai rencontré des hommes appartenant à toutes les classes, mais jamais dans aucun voyage je n'ai senti aussi distinctement la présence de l'humanité comme au Japon. Dans les autres grands pays les signes du pouvoir de l'homme sont ostensibles et j'ai vu de grandes organisations dont le succès couronnait toutes les entreprises. Là, l'étalage et l'extravagance dans le vêtement, le meuble, les distractions coûteuses surprennent. Il semble qu'on vous repousse dans un coin, comme un pauvre intrus dans un festin ; ou vous devenez curieux, ou vous restez suffoqué d'étonnement. Dans ces pays, vous n'avez pas l'impression que l'homme est suprême ; vous vous trouvez précipité dans une immensité de choses qui indispose. Mais au Japon ce n'est pas l'étalage du pouvoir ou de la richesse qui est l'élément dominant. Vous voyez partout des emblèmes d'amour et d'admiration et non point d'ambition et de cupidité. Vous voyez un peuple dont le cœur s'est manifesté et s'est répandu à profusion dans ses plus communs ustensiles de la vie quotidienne, dans ses institutions sociales, dans ses manières qui sont volontairement parfaites et dans ses rapports avec les choses qui ne sont pas seulement adroits mais gracieux jusque dans le moindre mouvement.

Ce qui m'a impressionné le plus dans ce pays, c'est la conviction que les Japonais ont percé les secrets de la nature, non par des méthodes de science analytique, mais par la sympathie. Ils ont appris son langage des lignes, sa musique

des couleurs, la symétrie de ses irrégularités et
la cadence dans la liberté de ses mouvements ;
ils ont vu comment elle mène ses foules im-
menses des choses et sait éviter cependant les
heurts ; comment les conflits eux-mêmes dans ses
créations se résolvent en danse et en musique ;
comment son exubérance a l'aspect d'un abandon complet de soi et n'est point une simple
dissipation d'étalage. Ils ont découvert que la
nature peut conserver son pouvoir sous les
formes de la beauté ; et c'est cette beauté qui,
comme une mère, nourrit à son sein toutes les
forces géantes, pour les entretenir en une
vigueur active, bien qu'au repos. Ils ont appris
que les énergies de la nature s'épargnent l'usure
par le rythme d'une grâce parfaite et que, par
la douceur de ses lignes courbes, elle éloigne la
fatigue des muscles du monde. J'ai senti que
les Japonais ont su s'assimiler ces secrets dans
leur vie et la vérité qui se trouve dans la beauté
de toute chose a passé dans leurs âmes. On peut
en un temps relativement court avoir une
simple connaissance des choses, mais on ne
peut acquérir leur esprit que par des siècles
d'étude et de contrôle sur soi. Dominer de l'ex-

térieur la nature est une chose beaucoup plus simple que de la faire sienne dans le charme de l'amour, ce qui est un effet du vrai génie. La race japonaise a montré ce génie, non en l'acquérant, mais en le créant ; non par l'étalage des choses, mais par la manifestation de son propre être intérieur. Ce pouvoir créatif existe chez tous les peuples, et il emploie toujours son activité à se saisir de la nature des hommes et à lui donner une forme selon son idéal. Mais au Japon, il semble qu'il ait atteint son apogée, qu'il se soit introduit profondément dans le cerveau de tous les hommes pour pénétrer jusqu'à leurs muscles et leurs nerfs. Leurs instincts sont devenus vrais, leurs sens se sont éveillés et leurs mains ont acquis une adresse naturelle. Le génie de l'Europe a donné à son peuple le pouvoir de l'organisation, qui s'est manifesté spécialement dans la politique et le commerce et en coordonnant les connaissances scientifiques. Le génie du Japon a donné aux Japonais la vision de la beauté dans la nature et le pouvoir de la réaliser dans leur vie.

Toute civilisation particulière est l'interprétation de l'expérience particulière humaine.

L'Europe paraît avoir compris manifestement le conflit des choses dans l'univers, conflit qu'on ne peut maîtriser que par la conquête. C'est pourquoi elle est toujours prête à la lutte et la meilleure partie de son attention est consacrée à organiser ses forces. Le Japon, lui, a senti, dans son monde, une présence qui a évoqué en son âme un sentiment de respectueuse adoration. Il ne se vante pas de maîtriser la nature, mais il lui apporte avec une joie et un soin infinis ses offrandes d'amour. Ses rapports avec le monde sont les rapports les plus profonds du cœur. Il s'est établi un lien spirituel d'amour avec les collines de son pays, avec la mer et les fleuves, avec les forêts dans toutes leurs variétés florales et leurs diversités sylvestres ; son cœur s'est fait l'écho de tous les murmures et soupirs frémissants des bois, de tous les sanglots des flots ; il a étudié le soleil et la lune dans toutes les modulations de leurs lumières et de leurs ombres et il lui plaît de fermer ses boutiques pour aller saluer les saisons dans ses vergers, ses jardins et ses champs.

Ce cœur qui s'ouvre à l'âme du monde n'est pas limité aux classes privilégiées, c'est-à-dire

à une seule section du Japon, mais il appartient
à tous les hommes et à toutes les femmes de
toutes les conditions. Cette expérience de
l'âme japonaise, reconnaissant une personnalité
dans le cœur du monde, s'est trouvée incarnée
dans sa civilisation, qui est une civilisation des
rapports humains. Les devoirs des Japonais
envers l'Etat ont naturellement revêtu le
caractère de devoirs filiaux, la nation ne fait
qu'une famille avec son Empereur comme chef.
L'unité nationale n'est pas sortie de la camaraderie des armes dans un but défensif ou offensif,
ni de l'association en des expéditions aventu-
reuses, chaque membre ayant en partage les
dangers et les profits du vol ; elle n'est pas née
de la nécessité d'organisation dans une intention ultérieure, mais elle est une extension de
la famille et des obligations du cœur dans un
espace et un temps très vastes. L'idéal de
« maîtri » est à la base de sa culture — « maîtri »
avec les hommes et « maîtri » avec la Nature.
Et la vraie expression de cet amour est dans le
langage de la beauté, qui abonde si générale-
ment au Japon. C'est la raison pour laquelle
un étranger comme moi, au lieu de ressentir

de l'envie ou de l'humiliation devant ces mani-
festations de la beauté, ces créations de l'amour,
se sent prêt à prendre part à la joie et à la splendeur de cette révélation du cœur humain.

Et c'est ceci qui m'a fait le plus craindre le
changement qui menace la civilisation japonaise, comme quelque chose qui menace une
personne. Car nulle part la formidable hétéro-
généité des temps modernes, dont le seul lien
commun est l'utilitarisme, n'est plus misérable-
ment manifeste que devant la dignité et la
force secrète de la beauté réticente comme au
Japon.

Mais le danger est en ceci, cette laideur organisée envahit le cerveau et emporte la victoire
sous sa masse, par sa persistance agressive,
par la force de sa moquerie dirigée contre les
plus profonds sentiments du cœur. Son impor-
tunité gênante nous la rend visible par force,
elle subjugue nos sens — et nous sacrifions à
son autel, comme un sauvage devant le fétiche
qui lui paraît puissant à cause de sa laideur.
C'est pour cela qu'il faut craindre sa rivalité
avec des choses qui sont modestes et profondes
et ont la subtile délicatesse de la vie.

Je suis tout à fait sûr qu'il y a des hommes au Japon qui n'ont aucune sympathie pour les idéaux dont ce pays a hérité ; l'objet de ces hommes est le gain, non le développement. Ils sont bruyants quand ils prétendent que c'est eux qui ont modernisé le Japon. Tout en reconnaissant avec eux que l'esprit de la race doit s'harmoniser avec l'esprit du temps, je dois les prévenir que moderniser n'est qu'une simple affectation de modernisme, tout comme poétiser est l'affectation de la poésie. Ce n'est pas autre chose que de la mimique, avec cette différence que l'affectation est plus bruyante que l'original et qu'elle est trop littérale.

Il faut nous rappeler que quiconque possède le véritable esprit moderne n'a point besoin de se moderniser, de même que celui qui est vraiment brave n'a rien d'un fanfaron. Le modernisme n'est pas dans le vêtement des Européens, ni dans les bâtisses hideuses, où sont enfermés leurs enfants pour apprendre leurs leçons, ni dans les maisons carrées, aux murs plats et droits, percés de lignes de fenêtres parallèles, où ces gens sont encagés toute leur vie durant ; le modernisme n'est certainement

pas dans les chapeaux de leurs femmes, sur-
chargés de fardeaux d'incongruités. Rien de
ceci n'est moderne, c'est simplement européen.

Le vrai modernisme, c'est la liberté de l'esprit et non l'esclavage du goût. C'est l'indépendance de la pensée et de l'action et non la
tutelle de maîtres d'école européens. C'est la
science, mais non sa fausse application à la vie
— simple imitation de nos professeurs de science
qui la réduisent à une superstition, invoquant
absurdement son aide pour tout, même ce qui
est le plus impossible.

La vie basée seulement sur la science plaît
à certains hommes parce qu'elle a toutes les
caractéristiques du sport ; elle feint d'être
sérieuse, mais elle n'est pas profonde. Quand
vous allez à la chasse, moins vous avez de pitié,
mieux cela vaut ; car votre seul objet est de
chasser le gibier et de le tuer, afin de vous
assurer que vous êtes l'animal le plus grand et
que votre méthode de destruction est parfaite
et scientifique. Et la vie de la science est cette
vie superficielle. Elle poursuit le succès avec
adresse et perfection et ne tient aucun compte
de la nature supérieure de l'homme. Mais

ceux-là, dont le cerveau est assez vulgaire pour établir leur vie sur la supposition que l'homme n'est qu'un chasseur et son paradis un paradis de sportmen, s'éveilleront brutalement au milieu de leurs trophées de squelettes et de crânes.

Je ne veux pas un instant suggérer que le Japon doive négliger l'acquisition d'armes modernes dans le but de se protéger. Mais jamais ce souci ne devrait dépasser l'instinct de la protection. Le Japon doit savoir que la force réelle n'est pas dans les armes elles-mêmes, mais dans l'homme qui manie ces armes ; et lorsque, dans sa passion du pouvoir, il multiplie ces armes au péril de son âme, alors c'est lui qui est en un danger plus grand encore que celui de ses ennemis.

Les choses qui vivent sont si faciles à blesser ; c'est pourquoi elles réclament protection. Dans la nature, la vie se protège elle-même dans ses propres enveloppes, qui sont faites des matières mêmes de la vie. Elles sont donc en harmonie avec la poussée de la vie, sinon le moment venu, elles s'écartent d'elles-mêmes et tombent dans l'oubli. L'homme vivant trouve sa véritable protection dans ses idéaux spirituels, qui ont leur lien vital avec sa vie et grandissent comme lui. Mais, malheureusement, toute son armure n'est pas vivante — une partie en est faite d'acier, inerte et mécanique. Aussi, tout en en faisant usage, l'homme doit-il faire attention à se protéger contre sa tyrannie. S'il est faible assez pour devenir plus petit que son enveloppe, alors c'est le suicide graduel par le rétrécissement de l'âme. Et il faut au Japon la foi la plus ferme dans la loi morale de l'existence pour qu'il puisse s'apercevoir que les nations occidentales suivent ce chemin du suicide, dans lequel leur humanité est étouffée sous le poids immense de cette organisation qui leur permet de se conserver en état de force et de tenir les autres dans l'asservissement.

Ce qui est dangereux pour le Japon, c'est, non pas l'imitation des traits extérieurs de l'Occident, mais l'acceptation comme sienne de la force motrice du nationalisme occidental. Ses idéaux sociaux montrent déjà des signes de soumission entre les mains de la politique. Je vois sa devise, tirée de la science : « La Survivance du plus fort », écrite en grandes lettres à l'entrée de son histoire contemporaine —

la devise dont la signification est : « Aides-toi et
ne t'inquiètes jamais de ce que cela coûte au prochain » ; la devise de l'aveugle qui ne croit que
ce qu'il peut toucher, parce qu'il ne peut pas voir.
Mais ceux qui peuvent voir savent que les hommes
sont intimement liés les uns aux autres, que
lorsque vous frappez autrui le coup vous revient.
La loi morale, qui est la plus grande découverte
de l'homme, c'est la découverte de cette vérité
merveilleuse que plus l'homme devient vrai,
plus il se réalise dans les autres. Cette vérité
n'a pas seulement une valeur subjective, mais
elle se manifeste dans tous les départements de
notre vie. Et les nations qui assidûment cultivent
l'aveuglement moral comme culte du patriotisme finiront leur existence dans une mort
soudaine et violente.

Jadis nous eûmes les invasions étrangères,
mais elles ne touchèrent jamais profondément
à l'âme du peuple. Elles furent seulement le
résultat d'ambitions individuelles. Les peuples
eux-mêmes, étant affranchis des responsabilités
du côté vil et haineux de ces aventures, en
tirèrent tout l'avantage d'une discipline héroïque
et humaine. Ceci développa leur loyauté in-

flexible, leur dévouement aveugle aux obligations de l'honneur, leur faculté d'abandon complet et d'acceptation de la mort et du danger
sans la moindre frayeur. C'est pourquoi les
idéaux, dont les racines étaient aussi profondément ancrées dans le cœur du peuple, ne
subirent aucun changement sérieux sous l'effet
de politiques adoptées par les rois ou les généraux.

Mais maintenant, partout où domine l'esprit
du nationalisme occidental, le peuple n'apprend,
depuis la jeunesse, qu'à cultiver ses haines et
ses ambitions par tous les moyens — par la
fabrication de demi-vérités et de contre-vérités
historiques, en représentant continuellement les
autres races sous un faux jour et en entrete-
nant contre elles les sentiments les plus défavo-
rables, en élevant des monuments en mémoire
d'événements très souvent faux et que pour
l'amour de l'humanité, il serait préférable d'oublier rapidement, couvant ainsi une menace
perpétuelle contre ses voisins et toutes les
autres nations qui ne sont pas « sa nation »,
Cela, c'est l'empoisonnement de la source même
de l'humanité. C'est discréditer les idéaux nés de

la vie d'hommes qui furent nos plus grands et nos meilleurs. C'est proclamer l'égoïsme gigantesque comme la seule religion universelle pour toutes les nations du monde. Nous pouvons tout accepter des mains de la science, mais pas cet élixir de mort morale. Et ne croyez pas, même un instant, que la blessure que vous infligez aux autres races ne vous infectera pas, ou que les inimitiés que vous semez autour de vos foyers seront un mur de protection pour tous les temps à venir.

Emplir l'esprit de tout un peuple d'une anormale vanité de sa propre supériorité, lui enseigner à s'enorgueillir de sa laideur morale et de sa richesse mal acquise, perpétuer l'humiliation des nations vaincues par l'exhibition de trophées conquis à la guerre et se servir de ceux-ci dans les écoles pour faire naître dans l'esprit des enfants le mépris du prochain, c'est imiter l'Occident dans son mal le plus infectieux, dont tous les symptômes sont ceux d'un cancer qui ronge sa vitalité.

Nos récoltes agricoles, nécessaires pour notre alimentation, sont le produit de siècles de sélections et de soins. Mais la végétation, qui ne sert pas à notre vie, n'a nul besoin des patientes recherches de générations entières. Il n'est pas facile de se débarrasser des mauvaises herbes ; mais il est facile, par la négligence, de ruiner ses récoltes et de les laisser retourner à leur état primitif de friche. Il en va de même de la culture qui s'est adoptée au sol japonais — si intime avec la vie, si humaine ; il ne suffit pas qu'elle ait été bêchée et sarclée dans le passé, mais elle réclame encore un travail attentif et sérieux. Ce qui n'est que moderne — comme la science et les méthodes d'organisation — peut se transplanter ; mais ce qui est vitalement humain a des fibres trop délicates et des racines trop nombreuses et trop étendues pour ne pas mourir quand on le veut transplanter.

Et c'est pourquoi je m'inquiète de la lourde pression des idéaux politiques de l'Occident sur les idéaux japonais. Dans la civilisation politique, l'état est une abstraction et les relations entre les hommes sont utilitaires. C'est parce que ses sentiments sont sans racines qu'elle est si dangereuse à employer. Un demi-siècle a suffi au Japon pour manier cette machine ; et il est des Japonais dont la sympathie pour elle dépasse leur amour pour les idéaux vivants, nés de la naissance de leur nation et nourris par les siècles. C'est comme un enfant, qui, dans l'énervement du jeu, s'imaginerait qu'il aime ses jouets mieux que sa mère.

Lorsque l'homme atteint à son point maximum, il est inconscient. La civilisation japonaise, dont le ressort principal est le lien entre les rapports humains, s'est nourrie dans la profondeur d'une vie saine au delà de l'atteinte de l'analyse de soi toujours aux aguets. Les simples rapports politiques, au contraire, sont toute conscience ; c'est une inflammation éruptive d'agressivité. On l'impose de force à l'attention. Et le temps est venu, au Japon, où il lui faut se réveiller à une pleine conscience de la vérité s'il ne veut pas être pris au dépourvu. Dieu a donné son passé au Japon ; c'est aux Japonais aujourd'hui à faire leur choix.

Les questions qu'ils auront à se poser sont celles-ci :

« Avons-nous mal lu le monde et basé nos rapports avec lui sur une ignorance de la nature humaine ? L'Occident a-t-il raison lorsqu'il élève sa prospérité nationale derrière la barricade d'une méfiance universelle de l'humanité? »

Chaque fois que l'Occident a discuté la possibilité de développement d'une race orientale, ç'a été avec un fort accent de peur dans la voix. La raison en est que la force, à l'aide de laquelle il prospère est une force du mal; aussi longtemps qu'il la conserve de son côté, il peut être tranquille, mais le reste du monde tremble. L'ambition vitale de la civilisation présente de l'Europe, c'est d'avoir la possession exclusive du diable. Tous ses armements et sa diplomatie sont dirigés vers ce seul but. Mais ces rites coûteux de l'invocation de l'esprit du mal conduisent par un chemin de prospérité au bord du cataclysme. Les furies de la Terreur que l'Occident a lâchées sur le monde de Dieu, reviennent le menacer à son tour et le jeter dans des affres horribles. Il n'a plus de repos, il oublie tout ce qui n'est pas les périls qu'il cause aux autres et s'inflige à lui-même. A l'adoration de ce démon de la politique, il sacrifie tous les autres pays en victimes. Il se nourrit et s'engraisse de leur chair morte, tant que la carcasse reste fraîche, — mais les carcasses pourriront finalement et les morts prendront leur revanche, en répandant l'infection partout et en empoisonnant le mangeur.

Le Japon avait toute la richesse de son humanité, l'harmonie de son héroïsme et de sa beauté, la profondeur de son contrôle de soi et la luxuriance de son expression intime; cependant l'Occident n'a eu de respect pour le Japon que lorsque celui-ci lui prouva que les limiers de Satan ne s'élèvent pas seulement dans les chenils d'Europe, mais qu'on les peut aussi domestiquer au Japon et les y nourrir de la misère humaine. Les Européens n'ont admis l'égalité du Japon avec eux que lorsqu'ils ont su que le Japon possédait aussi la clef qui peut ouvrir les écluses du feu infernal sur notre jolie terre, chaque fois qu'il lui plaira, et qu'il pouvait danser avec eux en mesure, la danse infernale du pillage, du meurtre et du viol des femmes innocentes au bruit des ruines croûlantes du monde.

Nous savons que, dans les premiers âges de l'immaturité morale de l'homme, celui-ci n'avait de respect que pour le dieu dont il craignait la malveillance. Mais est-ce là l'idéal humain vers lequel nous pouvons lever les yeux avec orgueil ? Après des siècles de civilisation, à la vue de nations se craignant mutuellement comme les bêtes sauvages qui rôdent dans la nuit ; fermant leurs portes à l'hospitalité ; ne combinant que des projets d'agression ou de défense ; cachant dans leurs trous leurs secrets de commerce, leurs secrets d'état, leurs secrets d'armement ; faisant la paix avec tous les autres chiens qui aboient en leur offrant de la viande qui ne leur appartient pas ; maintenant à terre les races tombées et qui luttent pour se remettre sur leurs pieds ; dispensant la religion aux faibles de la main droite et les volant de la main gauche — y a-t-il là quelque chose qui nous puisse rendre envieux, nous, Orientaux ?

Devons-nous plier nos genoux devant l'esprit de ce Nationalisme, qui sème partout, dans le monde entier la crainte, la cupidité, la suspicion, les mensonges éhontés de sa diplomatie, les mensonges onctueux de ses professions de foi pacifiques, de bienveillance et de fraternité universelle de l'Homme ? Pourrons-nous affranchir notre cerveau du doute lorsque nous nous précipiterons au marché occidental échanger ce produit étranger contre notre propre héritage ? Je sais combien il est difficile de se connaître, et l'homme intoxiqué nie furieusement qu'il est ivre ; l'Occident cependant songe anxieusement à ses problèmes et à ses expériences épuisantes. Mais il est comme un glouton qui n'a pas le courage d'abandonner son intempérance à table et se raccroche éperdument à l'espoir qu'il pourra guérir son indigestion et en empêcher les cauchemars par une médecine quelconque. L'Europe n'est pas prête à abandonner son inhumanité politique, avec toutes les passions les plus viles de l'homme qui l'accompagnent ; elle ne croit que dans la modification de systèmes et non dans le changement du cœur.

Nous voulons bien acheter ses systèmes fabriqués en série, non avec nos cœurs, mais avec nos cerveaux. Nous les essaierons et leur construirons des hangars, mais nous ne les enchâsserons pas dans nos foyers ni dans nos temples. Il y a des races qui adorent les animaux qu'elles tuent ; nous pouvons leur acheter de la viande quand nous avons faim, mais non l'adoration qui l'accompagne. Nous ne devons pas vicier l'esprit de nos enfants par cette superstition que les affaires sont les affaires, la guerre est la guerre, la politique est la politique. Il faut que nous sachions que les affaires de l'homme doivent être davantage, que de simples affaires, et aussi sa guerre et sa politique. Le Japon avait sa propre industrie ; on peut voir combien elle était scrupuleusement honnête et loyale, par ses produits, par leur grâce et leur force, le souci du détail là même où l'on peut à peine le remarquer. Mais la vague de fausseté a passé sur tout ce pays, venant de cette partie du monde où les affaires sont les affaires et l'honnêteté n'est observée que comme meilleur moyen. Quel Japonais ne s'est senti honteux de voir les réclames commerciales, non seulement recouvrir les villes entières de mensonges et d'exagérations, mais envahir les champs verts, où les paysans font leur travail honnête, et les sommets des collines que baisent les premières lueurs pures du matin ? Il est si facile d'émousser notre sens de l'honneur et notre délicatesse d'esprit par une irritation constante, tandis que le mensonge se pavane à l'étranger d'un pas orgueilleux au nom du commerce, de la politique et du patriotisme, que toute protestation contre leur intrusion dans notre vie est considérée comme du sentimentalisme, indigne d'une vraie virilité.

Et il est arrivé que les fils de ces héros qui sont restés fidèles à leur parole jusque devant la mort, qui auraient dédaigné de tromper leur prochain pour un profit vulgaire, qui même dans leurs combats auraient préféré la défaite au déshonneur, il est arrivé, dis-je, que leurs fils se sont habitués à la fréquentation des contre-vérités et ne se sentent pas humiliés d'en tirer avantage. Et ceci s'est trouvé effectué par le charme du mot « moderne ». Mais si l'utilité non diluée est moderne, la beauté est de tous les âges ; si l'égoïsme mesquin est moderne, les idéaux humains ne sont pas des inventions nouvelles. Et nous pouvons être sûrs que, si moderne que puisse être le progrès qui mutile l'homme au nom de méthodes et de machines, il ne vivra pas longtemps.

Mais en essayant d'affranchir nos esprits des prétentions arrogantes de l'Europe et de nous sortir des sables mouvants de l'infatuation, gardons-nous de l'autre extrême : l'aveuglement derrière une suspicion générale de l'Occident.

La réaction d'une désillusion est tout aussi irréelle que le premier choc de l'illusion. Nous devons nous efforcer de parvenir à cet état normal d'esprit par lequel nous pourrons discerner clairement notre propre danger et l'éviter sans être injustes envers la source de ce danger.

Il y a toujours en nous, Orientaux, la tentation de rendre à l'Europe la monnaie de sa pièce, et de retourner mépris pour mépris, mal pour mal. Mais cela encore, ce serait imiter l'Europe en l'une de ses caractéristiques les plus laides et qu'on remarque dans ses rapports avec ces peuples qu'elle appelle jaunes ou rouges, bruns ou noirs. Et c'est un point sur lequel nous autres, en Orient, devons reconnaître notre culpabilité et avouer que notre péché a été aussi grand si non plus grand lorsque nous insultâmes l'humanité en traitant avec le plus profond dédain et la plus grande cruauté des hommes qui appartenaient à une religion, une couleur ou une caste particulière.

C'est réellement parce que nous avons peur de notre propre faiblesse, qui se laisse effrayer par la vue de la force, que nous essayons d'y substituer une autre faiblesse qui veut être aveugle aux gloires de l'Occident. Quand nous connaîtrons vraiment l'Europe, qui est grande et bonne, nous pourrons sans difficultés échapper à l'Europe qui est mesquine et avide. Il est facile d'être injuste dans son jugement, quand on se trouve en face des misères humaines — et le pessimisme est le résultat de théories constructives d'un esprit souffrant. Désespérer de l'humanité n'est possible que si nous perdons foi en la vérité qui lui donne la force au moment de sa plus grande défaite et fait surgir une nouvelle vie des profondeurs de sa destruction.

Nous devons admettre qu'il y a dans l'Occident une âme vivante qui lutte, inaperçue, contre la monstruosité des organisations sous lesquelles hommes, femmes et enfants sont écrasés et dont les nécessités mécaniques ignorent les lois qui sont spirituelles et humaines — une âme dont la sensibilité refuse de se laisser étouffer complètement par de dangereuses habitudes d'inattention dans ses rapports avec des races pour lesquelles elle manque de sympathie naturelle.

L'Occident n'aurait jamais pu arriver à s'élever à l'éminence qu'il a atteinte si sa force avait été simplement la force de la brute ou de la machine. Le divin dans son cœur souffre des blessures que ses mains infligèrent au monde et de cette douleur de sa nature supérieure découle le baume secret qui cicatrisera ces blessures. Perpétuellement, l'Europe a lutté contre elle-même, détachant les chaînes que ses propres mains avaient serrées autour de membres impuissants ; et quand elle eut enfoncé le poison dans la gorge d'une grande nation à la pointe de l'épée par esprit de lucre, elle se réveilla d'elle-même pour s'éloigner de son crime et se laver les mains à nouveau. Ceci montre des ressorts d'humanité cachés en des endroits qui paraissent morts et dénudés. Cela prouve que la plus profonde vérité de sa nature, qui peut survivre à une telle carrière de cruelle lâcheté, n'est pas la cupidité, mais le respect d'idéaux désintéressés. Il serait complètement injuste, tant envers nous, qu'envers l'Europe, de dire qu'elle a fasciné l'esprit moderne oriental par la simple exhibition de sa force. Au travers de la fumée des canons et de la poussière des marchés, la lumière de sa nature morale a brillé et elle nous a apporté l'idéal de la liberté éthique, dont les fondations sont plus profondes que les conventions sociales et dont le champ d'activité est mondial.

L'Orient a senti instinctivement, même à travers son aversion, qu'il a beaucoup à apprendre de l'Europe, non seulement en ce qui concerne les matériaux de la force, mais aussi sa source intime, qui appartient à l'esprit et à la nature morale de l'homme. L'Europe nous a appris à mettre les nobles obligations du bien public au-dessus de celles de la famille et du clan, ainsi que le caractère sacré de la loi, qui rend la société indépendante du caprice individuel, lui assure une continuité de progrès et garantit la justice à tous les hommes, quelle que soit leur position dans la vie. Au-dessus de toute chose, l'Europe a tenu très haut devant nos esprits la barrière de la liberté, durant des siècles de martyr et d'accomplissements, — la liberté de conscience, la liberté de pensée et d'action, la liberté en art et en littérature. Et c'est parce que l'Europe a conquis notre profond respect qu'elle est devenue si dangereuse pour nous, dans sa turbulance, sa faiblesse et sa fausseté, — dangereuse comme le poison qu'on sert en même temps que nos meilleurs aliments. Il est cependant pour nous une chance en laquelle nous pouvons espérer, c'est que nous pouvons revendiquer l'Europe comme notre alliée dans notre résistance à ses propres tentations et à ses empiètements violents ; car elle a toujours porté en elle-même son propre étalon de perfection, par lequel nous pouvons juger ses chutes et mesurer les degrés de ses échecs, par lequel nous pouvons la citer devant son propre tribunal et l'amener à avoir honte — la honte qui est le signe du véritable orgueil de la noblesse.

Mais notre crainte, c'est que le poison soit plus puissant que l'aliment et que ce qui est la force en elle aujourd'hui ne soit pas un signe de santé, mais le contraire ; car ce peut être momentanément causé par le renversement de la balance de la vie. Notre crainte, c'est que le mal soit un charme fatal lorsqu'il assume des dimensions qui sont colossales, — et bien que finalement il soit sûr de perdre son centre de gravité par sa disproportion anormale, les méfaits qu'il crée avant sa chute peuvent être absolument irréparables.

C'est pourquoi je demande aux Japonais d'avoir une foi assez forte et assez de clarté d'esprit pour s'assurer que le lourd édifice du progrès moderne, rivé par les boulons de fer de l'activité industrielle et monté sur les roues de l'ambition, ne peut tenir longtemps assemblé. Des collisions sont certaines d'arriver ; car il lui faut voyager sur des lignes organisées, il est trop lourd pour choisir sa propre voie librement et une fois déraillé, son train interminable de véhicules sera disloqué. Un jour viendra où il tombera en un tas de ruines et causera une obstruction sérieuse au trafic du monde. N'en voyons-nous pas déjà les signes dès maintenant ? N'entendons-nous pas la voix qui nous parvient, à travers le tumulte de la guerre, les cris de la haine, les gémissements du désespoir, parmi les fétides odeurs des ordures innommables accumulées pendant des siècles au fond de ce nationalisme, — la voix qui crie à notre âme que la tour de l'égoïsme national, qui porte le nom de patriotisme et a dressé sa bannière de trahison contre le ciel, va chanceler et tomber, avec un craquement, son drapeau baisant la poussière, sa lumière éteinte ?

Mes frères, quand la lueur rouge de la conflagration lancera son crépitement de rire vers les étoiles, gardez foi en ces étoiles et non dans le feu de la destruction. Car lorsque la conflagration se consumera et s'éteindra, laissant son souvenir en cendres, la lumière éternelle brillera à nouveau en Orient, — l'Orient qui vit se lever l'aube de l'histoire de l'homme. Et qui sait si ce jour n'est pas déjà levé et le soleil monté à l'horizon le plus oriental de l'Asie ? Et j'offre comme firent mes ancêtres rishis, mon salut à ce lever de soleil de l'Orient, qui est destiné une fois encore à illuminer le monde entier.

Je sais que ma voix est trop faible pour s'élever au-dessus du vacarme de ces temps tumultueux et il sera facile à tout gavroche de me jeter l'épithète : « rêveur ». Elle collera à ma redingote pour n'en être jamais enlevée, m'excluant inévitablement de la considération de toutes les personnes respectables. Je sais quels risques on court de la part des foules vigoureusement athlétiques d'être appelé idéaliste en ces jours où les trônes ont perdu leur dignité et les prophètes sont devenus un anachronisme, où le bruit qui noie toutes les voix est celui de la place du marché.

Cependant un jour que, aux confins de la ville de Yokohama, étincelante de son étalage de diversités modernes, je regardais le soleil se coucher dans la mer du sud et remarquais sa paix et sa majesté au milieu des collines couvertes de pins, — avec le grand Fujiyama qui s'estompait sur l'horizon doré, comme un Dieu inondé par son propre rayonnement — la musique de l'éternité sourdit dans le silence du soir et je sentis que le ciel et la terre et le lyrisme de l'aube et de la chute du jour sont pour les poètes et les idéalistes et non pour les gens du marché robustement méprisants de tout sentiment, — je sentis que, après l'oubli de sa propre divinité, l'homme se rappellera que le ciel est toujours en contact avec son monde, et que celui-ci ne saurait jamais être réellement abandonné aux loups déchaînés de l'ère moderne, qui flairent le sang humain et hurlent aux cieux.

III

LE NATIONALISME DANS L'INDE

Notre problème réel dans l'Inde n'est pas politique. Il est social. C'est une condition qui ne prévaut pas seulement dans l'Inde, mais dans toutes les nations. Je ne crois pas en un intérêt purement politique. La politique en Occident a dominé les idéaux occidentaux et nous, dans l'Inde, nous essayons d'imiter l'Occident.

Nous devons nous rappeler qu'en Europe, où les peuples eurent leur unité raciale dès le commencement et où les ressources naturelles étaient insuffisantes pour les habitants, la civilisation a naturellement pris un caractère d'agressivité politique et commerciale. Car, d'un côté, ils n'avaient aucune complication à l'intérieur et, de l'autre, ils avaient à faire face à des voisins forts et rapaces. Entretenir une combinaison parfaite entre eux et une attitude vigilante d'animosité envers les autres, ce fut accepté comme la meilleure solution de leurs problèmes. Jadis, en Europe, on organisait et on pillait ; de nos jours le même esprit y continue — on y organise et on y exploite le monde entier.

Mais dès le début de l'histoire, l'Inde eut son propre problème constamment devant elle — c'est le problème racial. Toute nation doit avoir conscience de sa mission et nous autres, dans l'Inde, nous devons comprendre que nous faisons piètre figure lorsque nous nous essayons à la politique, simplement parce que nous n'avons pas encore pu accomplir ce que notre providence avait mis devant nous.

Le problème de l'unité raciale, que nous essayons de résoudre depuis tant d'années, est un de ceux qui doivent préoccuper aussi l'Amérique. Beaucoup de gens m'y ont demandé ce que deviennent les distinctions de castes dans l'Inde. Mais lorsque cette question m'était posée, c'était presque toujours avec un air supérieur. Et j'étais tenté de répondre à nos critiques américains par la même question, légèrement modifiée : « Qu'avez-vous fait du Peau-Rouge et du Nègre ? » Car les Américains n'ont pas encore modifié leur attitude de caste envers eux. L'Amérique a employé des méthodes violentes pour se tenir à l'écart des autres races, mais tant qu'elle n'aura pas résolu chez elle la question, elle n'aura aucun droit d'interroger l'Inde.

En dépit de nos grandes difficultés, cependant, l'Inde a fait quelque chose. Elle a essayé d' « ajuster » entre elles les races, de reconnaître les différences réelles entre elles lorsqu'il y en a et de rechercher cependant une base d'unité. Cette base s'est trouvée dans nos saints, comme Nanak, Kabir, Chaitnaya et les autres, qui prêchèrent un seul Dieu à toutes les races de l'Inde.

Lorsque nous aurons trouvé la solution de notre problème, nous aurons, en même temps, aidé à résoudre le problème mondial. Ce que l'Inde a été, le monde entier l'est aujourd'hui. Le monde entier ne devient plus qu'un seul pays par suite des facilités scientifiques. Et le moment est venu où le monde entier devra trouver une base d'unité qui ne soit pas politique. Si l'Inde peut offrir au monde sa solution, ce sera sa contribution à l'humanité.

Il n'y a qu'une histoire — l'histoire de l'homme. Toutes les histoires nationales ne sont que de simples chapitres de la plus grande.

Et nous sommes heureux, dans l'Inde, de souffrir pour une aussi grande cause.

Tout individu a son amour-propre. C'est pourquoi son instinct de brute le conduit à se battre avec son prochain, dans la seule poursuite de ses intérêts personnels. Mais l'homme a aussi ses instincts plus élevés de sympathie et d'aide mutuelle. Les gens auxquels fait défaut cette haute faculté morale et qui, par conséquent, ne peuvent vivre en compagnie avec leur prochain, doivent ou périr ou vivre en un état de dégradation. Seuls ces peuples ont survécu et atteint la civilisation qui ont cet esprit de coopération fortement enraciné en eux. Et c'est ainsi que nous découvrons que, depuis le début de l'histoire, les hommes ont eu à choisir entre ou se combattre les uns les autres ou s'allier les uns avec les autres, ou entretenir leurs propres intérêts ou l'intérêt commun de tous.

Dans notre histoire primitive, alors que les frontières géographiques de chaque pays et aussi les facilités de communications étaient petites, ce problème n'était que d'une dimension relativement minime. Il suffisait aux hommes de développer leur sentiment de l'unité dans leur zone de ségrégation. En ces jours, ils s'unissaient entre eux et combattaient leurs voisins. Mais ce fut cet esprit moral d'union qui fut la vraie base de leur grandeur et qui encouragèa leur art, leur science et leur religion. A cette époque primitive, le fait le plus important dont l'homme dut tenir compte, ce fut le contact intime entre eux des membres d'une race d'hommes particulière. Ceux qui, grâce à leur nature supérieure, comprirent véritablement ce fait, trouvèrent place dans l'histoire.

Le fait le plus important de l'âge actuel, c'est que toutes les races d'hommes différentes sont entrées en contact. Et nous nous trouvons à nouveau en face de deux alternatives. Le problème c'est : ou les différents groupes de peuples continueront de se battre les uns les autres, ou ils trouveront une vraie base de réconciliation et d'aide mutuelle ; ou ce sera la concurrence interminable ou la coopération.

Je n'ai aucune hésitation à dire que ceux qui sont doués de la faculté morale de l'amour et de la vision de l'unité spirituelle, qui ont le plus petit sentiment d'inimitié contre les étrangers et la sympathique intelligence de se placer eux-mêmes dans la position des autres, ceux-là seront les mieux désignés pour prendre une place permanente dans l'âge qui est devant nous, et ceux qui développent constamment leur instinct de combat et d'intolérance envers les étrangers seront éliminés.

Car c'est là le problème auquel nous avons à faire face ; et il nous reste à prouver notre humanité en le résolvant par l'entremise de notre nature supérieure. Les gigantesques organisations pour blesser le prochain et parer ses coups, pour faire de l'argent en faisant reculer son prochain, ne nous aideront pas. Au contraire, par leur poids écrasant, leur coût énorme et leur effet mortel sur l'humanité vivante, elles retarderont sérieusement notre liberté dans la vie plus large d'une civilisation plus élevée.

Durant l'évolution de la Nation, la culture morale de la fraternité fut limitée par des frontières géographiques, parce qu'à cette époque ces frontières étaient réelles. Maintenant, elles sont devenues des lignes imaginaires de tradition dépourvues des qualités d'obstacles réels. Aussi le temps est-il venu où la nature morale de l'homme doit s'occuper très sérieusement de ce grand fait ou périr. La première impulsion de ce changement de circonstances, ç'a été le « barattement » des plus viles passions humaines : la cupidité et la haine cruelle. Si ceci doit persister indéfiniment, si les armements continuent à s'exagérer jusqu'à un point d'absurdité inimaginable et les machines et les entrepôts à envelopper cette belle terre de leur saleté, de leur fumée et de leur laideur, tout cela finira dans une conflagration de suicide.

C'est pourquoi il faut que l'homme exerce toutes ses facultés d'amour et de clarté de vision à faire un autre grand ajustement moral qui comprendra le monde entier des hommes et non seulement les groupes fractionnels d'une même nationalité. L'ordre a été donné à tout individu de notre âge de se préparer, lui et son entourage, pour cette aube d'une ère nouvelle, où l'homme découvrira son âme dans l'unité spirituelle de tous les êtres humains.

S'il est vraiment donné à l'Occident de s'efforcer de nous tirer de cette confusion de pentes basses pour atteindre le sommet spirituel de l'humanité, je ne puis que penser que c'est la mission spéciale de l'Amérique de remplir cet espoir de Dieu et de l'homme. L'Amérique est le pays qui espère, qui désire quelque chose d'autre que ce qui est. L'Europe a ses habitudes subtiles d'esprit et ses conventions. Mais l'Amérique, jusqu'ici, n'est arrivée à aucune conclusion. Je sais combien l'Amérique est affranchie des traditions du passé et j'ai pu apprécier que l'expérimentalisme est une caractéristique de la jeunesse américaine. Les fondations de sa gloire sont dans l'avenir plutôt que dans le passé ; et quiconque est doué de la faculté de clairvoyance aimera l'Amérique qui sera.

L'Amérique est destinée à justifier la civilisation occidentale aux yeux de l'Orient. L'Europe a perdu sa foi dans l'humanité et est devenue méfiante et maladive. L'Amérique, de son côté, n'est ni pessimiste, ni blasée. Les

Américains savent, en tant que peuple, que le mieux et le meilleur existent et c'est cette connaissance qui les pousse.

Il y a des habitudes qui ne sont pas seulement passives, mais d'une arrogance agressive. L'Europe a cultivé soigneusement ces habitudes pendant de longues années, jusqu'à ce qu'elles aient formé autour d'elle une épaisse ceinture de haies fortes et élevées. Je ne veux pas prétendre que ce soit déraisonnable. Mais l'orgueil sous toutes ses formes rend finalement aveugle. Comme tous les stimulants artificiels, son premier effet est d'élever la conscience, puis, à mesure qu'on accroît la dose, il l'hébète et cause une exultation qui est dangereuse. L'Europe s'est peu à peu endurcie dans son orgueil pour toutes ses habitudes intérieures et extérieures. Non seulement elle ne peut oublier qu'elle est Occidentale, mais elle s'empare de la moindre occasion pour hurler ce fait au visage des autres, dans le but de les humilier. C'est pourquoi elle devient de plus en plus incapable de transmettre à l'Orient ce qu'il y a de meilleur en elle et d'accepter, dans un esprit juste, la sagesse que l'Orient a conservée depuis des siècles.

En Amérique, les habitudes et les traditions nationales n'ont pas eu le temps encore d'étendre leurs racines étouffantes autour des cœurs. Constamment les Américains ont senti, et s'en sont plaint, leurs désavantages, lorsqu'ils comparaient leur agitation de nomades avec les traditions bien établies de l'Europe — l'Europe qui peut montrer sa grandeur à son avantage parce qu'elle peut l'afficher sur le fond du Passé. Mais en cet âge présent de transition, lorsqu'une ère nouvelle de civilisation claironne son appel à tous les peuples de la terre par-dessus un avenir illimité, cette liberté même de détachement permettra à l'Amérique d'accepter l'invitation et d'atteindre le but vers lequel l'Europe se mit en route, mais se perdit à mi-chemin, tentée par son orgueil du pouvoir et son envie de la possession.

Non seulement l'affranchissement de l'Amérique des habitudes de l'esprit chez les individus, mais aussi l'affranchissement de son histoire de toute confusion malpropre, la désigne pour tenir la bannière de la civilisation dans l'avenir. Toutes les grandes nations européennes ont leurs victimes dans les autres parties du monde. Ceci n'affaiblit pas seulement leur sympathie morale, mais aussi leur sympathie intellectuelle, si nécessaire pour la compréhension des races qui nous sont étrangères. Les Anglais ne pourront jamais comprendre vraiment l'Inde, parce que leur esprit n'est pas assez désintéressé en ce qui concerne ce pays. Si l'on compare l'Angleterre avec la France ou l'Allemagne, on découvrira qu'elle a produit le plus petit nombre d'intellectuels qui ont étudié la littérature indienne et la philosophie indienne avec une certaine attention sympathique.

Cette attitude d'apathie et de mépris est naturelle là où les relations sont anormales et basées sur l'égoïsme et l'orgueil national. Mais l'histoire américaine a toujours été désintéressée et c'est pourquoi l'Amérique a pu aider le Japon par ses leçons de civilisation occidentale et c'est pourquoi la Chine peut tourner vers l'Amérique un regard plein de confiance en cette période de grand danger.

En réalité, l'Amérique porte la responsabilité d'un grand avenir parce qu'elle est affranchie de l'avarice enchaînante d'un passé. Voilà pourquoi de tous les pays de la terre, l'Amérique doit avoir pleinement conscience de cet avenir, sa vision ne doit pas être obscurcie et sa foi dans l'humanité doit être forte, de la force de la jeunesse.

Un désir parallèle existe entre l'Amérique et l'Inde — c'est de fondre ensemble, en un seul corps, diverses races.

Dans mon pays, nous avons cherché à trouver quelque chose de commun à toutes les races pour prouver leur unité. Aucune nation, cherchant une base d'unité simplement commerciale ou politique, ne trouvera une telle solution suffisante. Les hommes de pensée et de pouvoir découvriront l'unité spirituelle, la comprendront et la prêcheront.

L'Inde n'a jamais eu le sens réel du nationalisme. Même, bien qu'on m'ait enseigné dès l'enfance que l'idolâtrie de la Nation est presque meilleure que le respect de Dieu et de l'humanité, je crois qu'en grandissant j'ai dépassé cet enseignement. Et c'est ma conviction que mes concitoyens reconquerront vraiment leur Inde en combattant le système d'éducation qui leur enseigne qu'un pays est plus grand que les idéaux de l'humanité.

L'Indien instruit, de nos jours, essaie d'absorber certaines leçons de l'histoire contraires aux leçons de nos ancêtres. L'Orient, en réalité, essaie de s'adapter une histoire qui n'est pas le produit de sa propre vie. Le Japon, par exemple, croit qu'il devient puissant en adoptant des méthodes occidentales, mais, après qu'il aura épuisé son héritage, il ne lui restera plus que les armes empruntées de la civilisation. Il ne se sera pas développé intérieurement.

L'Europe a son passé. La force de l'Europe réside, par conséquent, dans son histoire. Nous devons, nous autres, dans l'Inde, nous faire à l'idée que nous ne pouvons emprunter l'histoire des autres peuples et que si nous étouffons la nôtre, nous commettons un suicide. Lorsqu'on emprunte des choses qui n'appartiennent pas à notre vie propre, elles ne servent qu'à écraser cette vie.

Et c'est pourquoi je crois que l'Inde n'a rien à gagner à concurrencer la civilisation occidentale sur son propre terrain, mais qu'au contraire, nous trouverons plus qu'une compensation si, en dépit des insultes entassées sur nous, nous suivons notre propre destinée.

Il y a des leçons qui procurent des renseignements sur les buts intellectuels et y préparent notre cerveau. Les leçons sont simples et peuvent être acquises et employées avec avantage. Mais il en est d'autres qui heurtent notre nature plus profonde et changent la direction de notre vie. Avant que nous les acceptions et que nous les payons par la rente de notre propre héritage, nous devons nous arrêter et réfléchir. Dans l'histoire de l'homme, il survient des âges de feux d'artifice qui nous éblouissent par leur force et leur mouvement. Ils rient non seulement de la modeste lampe de notre foyer, mais jusque des étoiles éternelles. Mais que cette provocation ne nous pousse pas à supprimer notre lampe. Supportons patiemment l'insulte et comprenons que ces feux d'artifice ont de l'éclat, mais ne sont pas permanents, à cause de l'explosivité extrême qui est la cause de leur force et aussi de leur épuisement. Ils dépensent une somme fatale d'énergie et de substance en comparaison de leur gain et de leur production.

Nos idéaux, sans doute, ont évolué au cours de notre histoire et, même si nous le désirions, nous ne pourrions en faire que de bien piteux feux d'artifice en comparaison avec les idéaux occidentaux, les matériaux et le but moral étant profondément différents, Il serait aussi absurde pour nous de caresser le désir d'acheter une nationalité politique que pour la Suisse de risquer son existence sur l'ambition de construire une marine assez puissante pour rivaliser avec celle de l'Angleterre. L'erreur que nous faisons, c'est de penser que la grandeur de l'homme n'est qu'une — celle qui s'est rendue désastreusement évidente pour l'époque par la profondeur de son insolence.

Nous devons garder la certitude qu'il y a un avenir devant nous et que l'avenir attend ceux qui sont riches en idéaux moraux et non en de simples choses. Et c'est le privilège de l'homme de travailler pour récolter des fruits qui sont au-delà de son atteinte immédiate et d'ajuster sa vie, non en une esclave conformité avec les exemples de quelques succès présents ou même avec son propre passé prudent, mais avec un avenir infini portant dans son cœur les idéaux de nos plus hautes aspirations.

Nous devons reconnaître qu'il est providentiel

que l'Occident soit venu à l'Inde. Et cependant, il appartient encore à quelqu'un de montrer l'Orient à l'Occident et de convaincre l'Occident que l'Orient peut aussi fournir sa contribution à l'histoire de la civilisation. L'Inde ne doit pas être considérée par l'Occident comme une mendiante ; elle ne l'est pas. Et même l'Occident dut-il croire qu'elle le fût, je ne suis pas pour rejeter la civilisation occidentale et nous confiner dans notre indépendance. Ayons entre nous une association profonde. Si la providence veut que l'Angleterre soit le canal de cette communication, de cette plus profonde association, je suis disposé à l'accepter en toute humilité. J'ai la plus grande foi dans la nature humaine et je crois que l'Occident reconnaîtra un jour sa vraie mission.

Je parle avec une certaine amertume de la civilisation occidentale lorsque j'ai conscience qu'elle trahit sa tâche et dessert sa propre intention. L'Occident ne doit pas se rendre insupportable au monde entier en employant sa force au service de ses petits besoins égoïstes ; mais, en enseignant à l'ignorant et en aidant le faible, il se sauverait du pire danger que le fort est susceptible de s'attirer en obligeant le faible à acquérir une force suffisante pour résister à son intrusion. Et il ne doit pas non plus faire de son matérialisme la chose finale, mais doit comprendre qu'il rend un service en affranchissant l'être spirituel de la tyrannie de la matière.

Je ne suis pas contre une nation en particulier, mais contre l'idée générale de toutes les nations. Qu'est-ce que la Nation ?

C'est l'aspect de tout un peuple comme puissance organisée. Cette organisation entretient incessamment et avec insistance la population à devenir forte et puissante. Mais cet effort continu à acquérir la force et la puissance draîne dans l'énergie de l'homme sa nature supérieure, là où il est humain et créatif. Par cet effort, la faculté de sacrifice de l'homme se trouve détournée de son but ultime, qui est moral, pour maintenir cette organisation, qui est mécanique. Cependant, en ceci, il ressent toute la satisfaction de l'exaltation morale et devient, par cela même, suprêmement dangereux pour l'humanité. Il se sent débarrassé de l'appel de sa conscience lorsqu'il peut transférer sa responsabilité à cette machine qui est la création de son intelligence et non de sa complète personnalité morale. Par ce moyen, les peuples qui aiment la liberté perpétuent l'esclavage dans une grande partie du monde avec le confortable sentiment d'orgueil d'avoir fait leur devoir ; des hommes qui sont naturellement justes peuvent être cruellement injustes tant dans leurs actions que dans leurs pensées, qu'accompagne le sentiment qu'ils aident le monde à recevoir ce qu'il mérite ; des hommes qui sont honnêtes peuvent continuer aveuglément à frustrer leur prochain de son droit humain de s'agrandir personnellement, tout en injuriant celui qu'ils lèsent ainsi pour ne pas mériter un meilleur traitement. Nous avons vu, dans notre vie quotidienne, de petites organisations d'affaires causer une dureté de sentiments chez des hommes qui ne sont pas naturellement mauvais et nous pouvons facilement nous imaginer quel désastre moral est causé dans un monde où des peuples entiers s'organisent furieusement pour conquérir la richesse et la puissance.

Le Nationalisme est une grande menace.

C'est la chose particulière qui, depuis des années, se trouve au fond des troubles de l'Inde. Et étant donné que nous avons été gouvernés et dominés par une nation qui est strictement politique dans son attitude, nous avons essayé de développer en nous, en dépit de notre héritage du passé, une croyance en notre éventuelle destinée politique.

Il y a différents partis dans l'Inde, avec différents idéaux. Certains luttent pour l'indépendance politique. D'autres pensent que l'heure n'a pas encore sonné pour cela et, cependant, sont d'avis que l'Inde devrait avoir les droits qu'ont les autres colonies anglaises. Ils veulent conquérir l'autonomie autant que possible.

Au commencement de l'histoire de l'agitation politique dans l'Inde, il n'y avait pas entre les partis le conflit qu'il y a aujourd'hui. A cette époque, il y avait un parti connu sous le nom de Congrès Indien *(Indian Congress)* ; il n'avait pas de programme réel. Ses membres avaient quelques plaintes à formuler contre les autorités. Ils voulaient une plus large représentation à la Chambre du Conseil et plus de liberté dans le gouvernement municipal. Ils voulaient des lambeaux de choses, mais ils n'avaient pas d'idéal constructif. C'est pourquoi je manquais d'enthousiasme pour leurs méthodes. Ma conviction était que ce dont l'Inde avait le plus besoin, c'était une œuvre constructive qui vînt d'elle-même. Dans cette œuvre, nous devons courir tous les risques et continuer d'accomplir les devoirs qui, par droit, sont les nôtres, quoi qu'entre les mâchoires de la persécution, gagnant une victoire morale à chaque pas, par nos échecs et nos souffrances. Nous devons montrer à ceux qui sont sur nous que nous avons en nous-même la force du pouvoir moral, le pouvoir de souffrir pour la vérité. Où nous n'avons rien à montrer, il ne nous reste qu'à mendier. Il serait dangereux que les dons que nous désirons nous soient accordés de suite et j'ai dit à mes compatriotes, à plusieurs reprises, de s'unir pour créer des occasions de donner libre cours à notre esprit de sacrifice et non pour mendier.

Le Congrès Indien, toutefois, perdit le pouvoir parce que le peuple comprit bientôt combien la demi-politique qu'il avait adoptée était futile. Le parti se divisa et arrivèrent les Extré-

mistes qui professèrent l'indépendance d'action
et repoussèrent la méthode du « mendiant » —
la méthode la plus facile de soulager son cerveau de toute responsabilité en ce qui concerne
son pays. Leurs idéaux étaient basés sur l'histoire occidentale. Ils n'avaient aucune sympathie pour les problèmes spéciaux de l'Inde. Ils
ne reconnurent pas le fait patent qu'il y avait
dans notre organisation sociale des causes qui
rendaient l'Indien incapable de copier l'Etran-
ger. Que ferions-nous si, pour une raison ou
une autre, l'Angleterre était chassée de chez
nous ? Nous serions simplement les victimes
d'autres nations. La même faiblesse sociale
prévaudrait. La chose à laquelle nous autres,
Indiens, devons penser, c'est à nous débarrasser
de ces coutumes sociales et de ces idéaux qui
ont engendré chez nous un manque de dignité
personnelle et une dépendance complète de
ceux au-dessus de nous, — un état de choses
qui a été causé entièrement par la domination
dans l'Inde du système de caste et l'habitude,
aveugle et paresseuse, de compter sur l'auto-
rité de traditions qui sont des anachronismes
incongrus à l'époque actuelle.

Une fois encore, j'attire l'attention du lecteur sur les difficultés que l'Inde a dû rencontrer et la lutte qu'il lui a fallu livrer pour les surmonter. Son problème était, en miniature, le problème du monde entier. L'Inde est d'une étendue trop vaste et de races trop diverses. Elle est un amas de pays nombreux entassés dans un même réceptacle géographique. Elle est précisément l'opposé de ce qu'est vraiment l'Europe, c'est-à-dire un seul pays fait de beaucoup. Ainsi l'Europe, dans sa culture et son développement, a eu l'avantage de la force du nombre en même temps que la force de l'unité. L'Inde, au contraire, étant naturellement nombreuse, quoique éventuellement une, a tout le temps souffert de sa diversité et de la faiblesse de son unité. Une unité réelle est comme un globe rond, elle roule, portant facilement son fardeau ; mais la diversité est un poids à de nombreuses faces qu'il faut tirer et pousser de toute sa force. Qu'il soit dit à l'honneur de l'Inde que cette diversité ne fut pas créée par elle ; elle dut l'accepter en fait depuis le commencement de son histoire. En Amérique et en Australie, l'Europe a simplifié son problème en exterminant presque entièrement la population indigène. Même à l'époque actuelle encore, cet esprit d'extermination se manifeste dans l'inhospitable exclusion des étrangers par ceux qui eux-mêmes furent des étrangers dans les pays qu'ils occupent maintenant. Mais l'Inde toléra les différences de races dès le début et cet esprit de tolérance a agi tout au long de son histoire.

Son système de caste est le résultat de cet esprit de tolérance. Car l'Inde a toujours essayé de créer une unité sociale dans laquelle tous les peuples différents pourraient être compris, tout en jouissant entièrement de la liberté de conserver leurs propres différences. Le lien a été aussi lâche que possible et cependant aussi serré que les circonstances le permettaient. Ceci a produit quelque chose comme des Etats-Unis d'une fédération sociale, dont le nom commun est l'Hindouisme.

L'Inde a compris qu'il doit y avoir diversité de races, quel qu'en puisse être le désavantage, et l'on ne peut réduire la nature aux limites étroites de la commodité sans un jour avoir à le payer très cher. En ceci, l'Inde eut raison ;

mais ce qu'elle ne comprit pas, ce fut que, chez les êtres humains, les différences ne sont. pas, comme les barrières physiques des montagnes, fixées à jamais — elles sont fluides, du flot de la vie ; elles changent leur cours, leurs formes, leur volume.

C'est pourquoi dans ses réglementations de caste, l'Inde reconnut les différences, mais non la mutabilité qui est la loi de la vie. En essayant d'éviter des collisions, elle éleva des frontières de murs immuables, donnant ainsi à ses nombreuses races le bénéfice négatif de la paix et de l'ordre, mais non l'opportunité positive de l'expansion et du mouvement. Elle acceptait la nature lorsqu'elle produisait la diversité, mais elle l'ignorait lorsqu'elle employait cette diversité pour son jeu mondial de permutations et de combinaisons infinies. Elle respecta la vie diverse, mais insulta la vie mobile. En conséquence, la Vie quitta ce système social et, à sa place, l'Inde adore avec le plus grand cérémonial la cage magnifique aux compartiments innombrables qu'elle a fabriquée.

La même chose se produisit lorsqu'elle essaya d'éviter les collisions des intérêts commerciaux.

Elle associa différents métiers et professions avec différentes castes. Ceci eut pour effet d'apaiser l'interminable jalousie et la haine de la concurrence — cette concurrence qui engendre la cruauté et alourdit l'atmosphère de mensonges et de déceptions. En ceci, aussi, l'Inde insista uniquement sur la loi de l'hérédité, ignorant la loi de mutation et réduisit ainsi, graduellement, l'art à l'habileté et le génie au talent.

Toutefois, ce que les observateurs occidentaux ne savent pas discerner, c'est que dans son système de caste, l'Inde, très sérieusement, accepta sa responsabilité de résoudre le problème racial de façon à éviter les heurts et, cependant, à accorder à chaque race la liberté dans ses frontières. Reconnaissons que l'Inde n'a pas, en ceci, atteint au succès complet. Mais il faut aussi reconnaître que l'Occident, qui est plus favorablement situé quant à l'homogénéité des races, n'a jamais accordé la moindre attention à ce problème et, chaque fois qu'il s'est posé, a essayé de l'éviter en l'ignorant totalement. Et c'est là la source de ses agitations antiasiatiques, afin de priver les étrangers de leur droit de gagner une vie honnête sur nos rives. Dans la plupart de ses colonies, il ne les admet qu'à condition qu'ils acceptent la position servile de scieurs de bois ou de puiseurs d'eau. Ou les Occidentaux ferment leurs portes aux étrangers ou ils les réduisent à l'esclavage. Et c'est leur façon de résoudre le problème du conflit racial. Quels que puissent être les mérites de cette façon d'agir, il faut admettre qu'elle ne jaillit pas des plus nobles impulsions de la civilisation, mais des basses passions de la cupidité et de la haine. On dira : c'est la nature humaine — et l'Inde aussi croyait qu'elle connaissait la nature humaine, lorsqu'elle barricadait solidement ses distinctions de race derrière les barrières fixes des gradations sociales. Mais nous avons appris à nos dépens que la nature humaine n'est pas ce qu'elle semble, mais ce qu'elle est en vérité ; c'est-à-dire dans ses possibilités infinies. Et lorsque dans notre aveuglement, nous insultons l'humanité pour son apparence déguenillée, elle laisse tomber ses guenilles pour nous montrer que c'est notre Dieu que nous avons insulté. La dégradation que par orgueil ou par intérêt nous rejettions sur les autres, dégrade notre propre humanité — et c'est lé châtiment le plus terrible parce que nous ne nous en apercevons que lorsqu'il est trop tard.

Non seulement dans leurs rapports avec les étrangers, mais même dans les différentes sections de leur propre société, les Occidentaux n'ont pu arriver à l'harmonie de la réconciliation. L'esprit de conflit et de concurrence se voit accorder par eux la pleine liberté de sa carrière insensée. Et parce que sa genèse est la cupidité de la richesse et de la puissance, cet esprit ne peut arriver à une autre fin que la mort violente. Dans l'Inde, la production des produits fut soumise à la loi des ajustements sociaux. Sa base fut la coopération, ayant pour objet la satisfaction parfaite des besoins sociaux. Mais en Occident, elle est guidée par l'impulsion de la concurrence, dont le but est le gain de la richesse pour les individus. Et l'individu est comme la ligne géométrique : c'est de la longueur sans largeur. Il n'a pas la profondeur qui lui permet de conserver quelque chose d'une façon permanente. En conséquence, sa cupidité où ses gains ne peuvent jamais arriver à la finalité. Dans son développement en longueur, il peut traverser d'autres lignes et causer des confusions, mais il lui manquera toujours l'idéal de la plénitude dans sa ténuité qui l'isole.

A tous nos appétits physiques, nous reconnaissons une limite. Nous savons que dépasser cette limite, c'est dépasser la limite de la santé. Mais ce besoin de richesse et de puissance n'a-t-il point de limites au delà desquelles c'est le royaume de la mort ? Dans ces carnavals nationaux de matérialisme, les peuples occidentaux ne dépensent-ils pas la plus grande partie de leur énergie vitale à produire simplement des choses et à négliger la création d'idéaux ? Et une civilisation peut-elle ignorer la loi de la santé morale et risquer à l'infini l'indigestion en se gorgeant de choses matérielles ? L'homme dans ses idéaux sociaux essaie naturellement de régler ses appétits, les subordonnant à l'intention la plus noble de sa nature. Mais dans le monde économique, nos appétits ne connaissent d'autres restrictions que celles de la production et de la demande qui peuvent être artificiellement alimentées, permettant des occasions individuelles de gloutonnerie sans fin.

Dans l'Inde nos instincts sociaux imposaient des restrictions à nos appétits — il se peut que cela allât jusqu'à l'extrême répression — mais en Occident l'esprit d'organisation économique sans aucun but moral incite les gens à la poursuite perpétuelle de la richesse ; mais cela encore doit avoir une limite !

Les idéaux qui s'efforcent de prendre forme dans les institutions sociales ont deux objets. L'un est de réglementer nos passions et nos appétits pour le développement harmonieux de l'homme et l'autre est de l'aider à cultiver l'amour désintéressé de son prochain. La société est donc l'expression de ces aspirations morales et spirituelles de l'homme qui appartiennent à sa nature supérieure.

Notre nourriture est créative, elle édifie notre corps ; le vin ne l'est pas, il stimule seulement. Nos idéaux sociaux créent le monde humain, mais lorsque notre esprit en est détourné pour être orienté vers la cupidité du pouvoir, alors dans cet état d'intoxication, nous vivons en un monde anormal où notre force n'est pas la santé et où notre affranchissement n'est pas la liberté. C'est pourquoi la liberté politique ne nous donne pas la liberté, lorsque notre esprit n'est pas libre. Une automobile ne crée pas la liberté du mouvement, parce qu'elle n'est qu'une simple machine. Lorsque je suis libre moi-même, je puis employer l'automobile pour servir ma liberté.

Nous ne devons jamais oublier, aujourd'hui, que ces peuples qui ont obtenu leur liberté politique ne sont pas nécessairement libres, ils sont simplement puissants. Les passions qui sont débridées chez eux créent de formidables organisations d'esclavage sous le déguisement de la liberté. Ceux qui ont fait du gain monétaire leur but le plus élevé vendent inconsciemment leur vie et leur âme à des personnes riches ou à des combinaisons qui représentent l'argent. Ceux qui sont amoureux de leur puissance politique et jalousent les races étrangères, abandonnent graduellement leur propre liberté et leur propre humanité aux organisations nécessaires pour tenir les autres peuples en esclavage. Dans les pays soi-disant libres, la majorité des gens ne sont pas libres, ils sont conduits par la minorité vers un but qui n'est même pas connu d'eux. Ceci n'est possible que parce que les gens ne reconnaissent pas la liberté morale et spirituelle comme leur but. Ils créent de formidables tourbillons par leurs passions et s'étourdissent et s'enivrent de la simple vélocité de leur mouvement en rond prenant cela pour de la liberté. Mais le destin qui les attend et les prendra à l'improviste est aussi certain que la mort — car la vérité de l'homme est la vérité morale et son émancipation est dans la vie spirituelle.

L'opinion générale de la majorité des nationalistes d'aujourd'hui dans l'Inde, c'est que nous sommes arrivés à la plénitude finale de nos idéaux sociaux et spirituels, la tâche constructive de la société ayant été faite plusieurs milliers d'années avant que nous fussions nés, et que maintenant nous sommes libres d'employer toute notre activité dans le sens politique. Nous n'avons jamais rêvé de blâmer notre disproportion sociale comme l'origine de notre impuissance présente, car nous avons accepté, comme la doctrine de notre nationalisme, que ce système social a été perfectionné pour tous les temps à venir par nos ancêtres, qui eurent la vision surhumaine de toute l'éter-

mité et le pouvoir surnaturel de faire une pro-
vision infinie pour les âges futurs. C'est la raison
pour laquelle nous pensons que notre tâche
est d'édifier un miracle politique de liberté sur
le sable mouvant de l'esclavage social. En
réalité, nous voulons endiguer le vrai cours
de notre fleuve historique et emprunter seulement le pouvoir aux sources de l'histoire des
autres peuples.

Ceux d'entre nous, dans l'Inde, qui n'ont
pas l'illusion que la simple liberté politique nous
rendra libre, ont accepté les leçons de l'Occident
comme vérité d'évangile et perdu toute foi
dans l'humanité. Nous devons nous rappeler
que la faiblesse, quelle qu'elle soit, que nous
entretenons dans notre société deviendra une
source de danger en politique. La même inertie,
qui nous conduisit à notre idolâtrie des formes
mortes dans les institutions sociales, créera
dans notre politique des prisons aux murs
immuables. L'étroitesse de sympathie qui nous
permet d'imposer sur une portion considérable
de l'humanité le joug douloureux de l'inferio-
rité s'affirmera dans notre politique en créant
la tyrannie de l'injustice.

Lorsque nos nationalistes parlent d'idéaux, ils oublient que la base du nationalisme fait défaut. Les peuples mêmes qui professent ces idéaux sont eux-mêmes les plus conservateurs dans leur pratique sociale. Les nationalistes nous diront, par exemple : regardez la Suisse où, en dépit des différences de race, les peuples se sont solidifiés en une seule nation. Cependant, rappelez-vous qu'en Suisse les races peuvent se mélanger, elles peuvent se marier entre elles, parce qu'elles sont du même sang. Dans l'Inde, il n'y a pas de patrimoine commun. Et lorsque nous parlons de la Nationalité Occidentale, nous oublions que les nations occidentales n'ont pas l'une pour l'autre cette répulsion physique que nous avons entre nos différentes castes. Avons-nous un exemple, dans le monde entier, qu'un peuple auquel on ne permet pas de mélanger son sang verse ce sang pour un autre peuple, si ce n'est par coercition ou dans une intention mercenaire ? Et pouvons-nous jamais espérer que ces barrières morales contre notre amalgamation de race ne seront pas un obstacle à notre unité politique ?

Nous devons aussi reconnaître pleinement ce

fait que nos restrictions sociales sont toujours tyranniques, à ce point qu'elles rendent les hommes lâches. Si un homme vient me dire qu'il a des idées hétérodoxes, mais qu'il ne peut les suivre parce qu'il serait frappé d'ostracisme par la société, je l'excuse d'avoir à vivre une vie de mensonge, parce qu'il faut vivre. L'état d'esprit social qui nous pousse à faire de la vie de notre prochain un fardeau pour lui-même, s'il diffère de nous même dans une chose aussi simple que le choix de la nourriture, est sûr de persister dans notre organisation politique et de servir à créer des machines de coercition pour écraser toute différence rationnelle qui est le signe de la vie. Et la tyrannie n'ajoutera qu'aux mensonges inévitables et à l'hypocrisie de notre vie politique. Le simple nom de liberté est-il si précieux que nous soyons disposés à lui sacrifier notre liberté morale ?

L'intempérance de nos habitudes ne montre pas immédiatement ses effets lorsque nous sommes dans la pleine vigueur de notre jeunesse. Mais elle consume graduellement cette vigueur et lorsque s'avance la période du déclin, nous devons régler nos comptes et payer nos dettes, ce qui nous conduit à l'insolvabilité. Les Occidentaux peuvent encore porter la tête haute, bien que leur humanité souffre à tout instant de leur manie du pouvoir organisateur. L'Inde aussi, aux beaux jours de sa jeunesse, pouvait porter dans ses organes vitaux le poids mort de ses organisations sociales roidies jusqu'à la plus rigide perfection, mais ce lui fut fatal et produisit une paralysie graduelle de sa nature vivante. Et c'est la raison pour laquelle la communauté instruite de l'Inde est devenue insensible à ses besoins sociaux. Elle prend l'immobilité même de notre structure sociale pour le signe de sa perfection, et parce que la saine sensation de douleur est morte dans les membres de notre organisme social, ces gens s'induisent eux-mêmes en erreur et croient à tort qu'il n'a pas besoin de remède. En conséquence, ils se figurent que toute leur énergie n'a besoin que de s'ébattre dans le champ politique. C'est comme un homme dont les jambes sont devenues paralysées et inutiles qui essaierait de s'illusionner en disant que ces membres sont devenus rigides parce qu'ils ont atteint leur salut ultime et que ce qui le gêne c'est tout bonnement que ses béquilles sont trop courtes.

Voilà où en est la régénération sociale et politique de l'Inde. Venons maintenant à son industrie. On m'a souvent demandé s'il y a eu dans l'Inde une régénération industrielle quelconque, depuis l'avènement du Gouvernement Britannique. Il faut se rappeler qu'au commencement du régime britannique dans l'Inde, nos industries furent supprimées et depuis lors, nous n'avons rencontré aucun appui ou encouragement réel qui nous permît de résister aux organisations commerciales monstres du monde. Les nations ont décrété que nous devions rester un peuple purement agricole, oubliant jusqu'à l'emploi des armes pour tous les temps à venir. Ainsi l'Inde se trouve changée en tant de morceaux tout mâchés, prêts à être avalés à tout moment par la première nation venue qui n'a besoin que d'avoir dans sa bouche les dents les plus rudimentaires.

L'Inde n'a donc qu'un très petit débouché pour son originalité industrielle. Personnellement, je ne crois pas dans les énormes organisations d'aujourd'hui. Le seul fait qu'elles sont laides montre qu'elles sont en désaccord avec toute la création. Les vastes pouvoirs de la nature ne révèlent pas leur vérité en hideur, mais en beauté. La beauté est la signature que le Créateur appose sur celles de Ses œuvres dont Il est satisfait. Tous nos produits qui ignorent insolemment les lois de la perfection et n'ont pas honte de leur laideur portent le poids perpétuel du déplaisir de Dieu. Tant que le commerce manquera de beauté et de grâce, il sera faux. La Beauté et sa sœur jumelle, la Vérité, réclament le loisir et la dignité pour se développer. Mais la cupidité ne connaît ni temps ni limites à son pouvoir. Son seul objet est de produire et de consommer. Elle n'a pitié ni de la belle nature ni des êtres humains vivants. Elle est impitoyablement prête, sans un moment d'hésitation, à leur enlever la beauté et la vie pour en faire de l'argent.

C'est cette laide vulgarité du commerce qui s'attira la censure du mépris dans nos premiers jours, alors que les hommes avaient encore une vision sans nuage de la perfection dans l'humanité. Les hommes, en ces temps-là, eurent honte, à juste titre, de cet instinct qui ne pousse qu'à gagner de l'argent. Mais en ce siècle scientifique, l'argent, par son volume anormal, a conquis son trône. Et lorsque de son éminence de choses entassées, il insulte aux plus hauts instincts de l'homme, banissant la beauté et les nobles sentiments de son entourage, nous nous soumettons. Car, dans notre lâcheté, nous avons accepté des cadeaux de ses mains et notre imagination s'est vautrée dans la poussière devant son immensité charnelle.

Mais sa lourdeur même et ses complexités infinies sont ses vrais signes d'échec. Le nageur expert n'exhibe pas sa force musculaire par de violents mouvements, mais il fait preuve d'une certaine faculté qui est invisible et qui se montre dans une grâce et une souplesse parfaites. Ce qui distingue réellement l'homme des animaux, c'est son pouvoir et sa valeur qui sont — en lui — invisibles. De nos jours, la civilisation commerciale de l'homme ne prend pas seulement trop de temps et de place, mais elle détruit le temps et la place. Ses mouvements sont violents, son bruit est discordant. Elle porte en elle sa propre damnation, car elle foule et bouleverse l'humanité sur laquelle elle s'appuie énergiquement, elle fait de l'argent aux dépens du bonheur. L'homme se réduit lui-même à son minimum afin de pouvoir accorder une place suffisante à ses organisations. Il rougit de ses sentiments humains, parce qu'ils peuvent être un obstacle à ses machines.

Il y a dans notre mythologie, la légende de cet homme qui accomplit des pénitences pour gagner l'immortalité et qui dut subir les tentations, que lui envoya Indra, le dieu des Immortels. S'il s'était laissé tenter par elles, il était perdu. L'Occident a lutté durant des siècles pour l'immortalité. Indra lui a envoyé sa tentation. C'est la tentation somptueuse de la richesse. Il l'a acceptée et sa civilisation d'humanité a perdu sa route dans le désert de la machinerie.

Ce commercialisme avec sa barbarie de décorations affreuses est une menace terrible à toute l'humanité, parce qu'il édifie l'idéal du pouvoir sur celui de la perfection. Il fait triompher le culte de l'égoïsme dans toute sa nudité éhontée. Nos nerfs sont plus délicats que nos muscles. Les choses qui sont les plus précieuses en nous sont aussi impuissantes que des bébés quand nous leur retirons la protection attentive que leur préciosité même réclame de nous. C'est pourquoi, lorsque la brutalité insensible du pouvoir est déchaînée sur le grand chemin de l'humanité, elle effraie par sa grossièreté nos idéaux entretenus par le martyr des siècles passés.

La tentation qui est fatale au fort l'est plus encore au faible. Et je ne lui souhaite point la bienvenue dans notre vie indienne, même si elle nous est envoyée par le dieu des Immortels. Que notre vie soit simple dans son aspect extérieur et riche dans ses gains intimes. Que notre civilisation s'établisse fermement sur sa base de coopération sociale et non sur celle de l'exploitation économique et du conflit. Y parvenir, sous le joug des vampires économiques qui sucent notre sang, c'est la tâche qui s'adresse aux penseurs de toutes les nations orientales qui ont foi en l'âme humaine.

C'est un signe de paresse et d'impuissance d'accepter les conditions que nous imposent d'autres peuples qui ont d'autres idéaux que les nôtres. Nous devrions, au contraire, essayer activement d'adapter les puissances mondiales à notre histoire, afin qu'elles la guident vers sa fin parfaite.

De ce qui précède, on saura que je ne suis pas un économiste. Je suis prêt à reconnaître qu'il y a une loi de la demande et de la production et un désir de l'homme pour plus de choses qu'il n'est bon pour lui. Et cependant, je veux persister à croire qu'il existe une telle chose que l'harmonie de la plénitude dans l'humanité, où la pauvreté n'enlève pas à l'homme ses richesses, où la défaite peut le conduire à la victoire, la mort à l'immortalité et où, dans la compensation de la Justice Eternelle, ceux qui sont les derniers peuvent voir leurs insultes changées en un triomphe radieux.

LE COUCHER DE SOLEIL DU SIÈCLE

*(Poème écrit en Bengali le dernier jour du siècle
dernier.)*

1

Le dernier soleil du siècle se couche parmi les
nuages rouges de sang de l'Occident et dans le
tourbillon de la haine.
La passion toute nue de l'amour égoïste des Nations,
en son ivre délire de cupidité, danse au cliquetis
de l'acier et aux poèmes hurlant la vengeance.

2

Le soi affamé de la Nation, en une violence furieuse,
explosera de sa propre nourriture éhontée.
Car elle a fait du monde sa nourriture,
Et le léchant, le mâchant et l'avalant en gros morceaux,
    Elle enfle et gonfle
Jusqu'à ce qu'au milieu de son impur festin des-
cende du ciel la flèche soudaine qui percera son
cœur grossièrement matériel.

3

La lueur écarlate à l'horizon n'est point la lumière
    de ton aube de paix, ma mère patrie.
C'est l'éclat du bûcher où se consume en cendres la
    chair énorme — l'amour égoïste de la Nation —
    morte de ses propres excès.
Ton matin attend derrière la nuit patiente de
    l'Orient,
        Humble et silencieux.

4

Veille, Inde.
Apportez vos offrandes d'adoration à ce lever de
    soleil sacré.
Que le premier hymne de sa bienvenue résonne en
    votre voix et chantez.
« Viens, Paix, toi qui est fille de la grande souffrance
    de Dieu.
Viens avec tes trésors de contentement, l'épée de la
    force,
        Et l'humilité couronnant ton front. »

5

N'ayez pas honte, mes frères, de vous dresser
    devant les fiers et les puissants
En votre blanche robe de simplicité.

Que votre couronne soit d'humilité, votre liberté, la
 liberté de l'âme.

Edifiez quotidiennement le trône de Dieu sur la
 vaste nudité de votre pauvreté.

Et sachez que ce qui est formidable n'est pas
 grand et que l'orgueil n'est pas éternel.

TABLE

ÉVRBUX. — HENRI DÉVÉ, IMPRIMEUR

www.ingramcontent.com/pod-product-compliance
Ingram Content Group UK Ltd.
Pitfield, Milton Keynes, MK11 3LW, UK
UKHW021627170726
13836UKWH00005B/2098